Skizzen
zur Wiederaufnahme und Vertiefung
der Aufklärung

Fröhliche Wissenschaft 134

Jean François Billeter

Skizzen

Zur Wiederaufnahme und Vertiefung der Aufklärung

Aus dem Französischen
von Tim Trzaskalik

Matthes & Seitz Berlin

Man wirft eine Skizze aufs Papier, um einen Gedanken festzuhalten. Manchmal zeichnet man sie nach, um sich die Sache zu verdeutlichen oder Erblicktes genauer wiederzugeben.

Die folgenden Skizzen habe ich überarbeitet, aber ihre Form habe ich bewahrt. Sie dienen mir dazu, versuchsweise zusammenzufassen, was ich seit einem Dreivierteljahrhundert gelernt habe, und Schlüsse daraus zu ziehen.

Ich verzichte auf endlose Diskussionen darüber, was ich anderen Autoren verdanke, zeitgenössischen und vergangenen, oder wodurch ich mich von ihnen abhebe. Diese Freiheit ist ein weiterer Vorzug der Skizze.

ERSTE SUITE

1. DER GEGENWÄRTIGE ZEITPUNKT. Ein erstaunliches und einmaliges Zusammenspiel von Faktoren hat das Leben auf dem Planeten Erde hervorgebracht. Dieses Leben hat sich weiterentwickelt. Später entstanden die Tiere, darunter unsere Gattung, die erfindungsreichste und an-

passungsfähigste von allen, die sich überall auszubreiten begann. Zu einem bestimmten Zeitpunkt fing sie an, komplexe Organisationsformen zu schaffen, die immer mächtiger wurden: die Staaten. Es handelt sich um ein junges Phänomen. Seine ältesten Erscheinungsformen sind nicht mehr als fünftausend Jahre alt. Knapp zweihundert Generationen sind seither aufeinander gefolgt. Vor ungefähr zwei Jahrhunderten hat sich etwas Neues ereignet. Die Besitzenden schufen durch Gewalt eine Klasse von Besitzlosen, die gezwungen wurden, ihnen ihre Arbeitskraft zu veräußern – für einen Lohn, mit dem sie fortan ihren Lebensunterhalt erkaufen mussten unter Bedingungen, über die sie keine Macht mehr hatten: die Lohnarbeiter. Diese gesellschaftliche Revolution, durch die ein Großteil der Bevölkerung ihre Selbständigkeit verlor, wurde durch Mechanisierung und eine neue Arbeitsteilung ermöglicht: durch die industrielle Revolution. Zu dieser doppelten Revolution kam es zuerst in England, von wo aus sie sich nach Europa und schließlich über die ganze Welt ausbreitete. Innerhalb weniger Generationen führte sie zu der Lage, in der wir uns heute befinden. Die den europäischen Völkern und den Völkern der anderen Kontinente aufgezwungene Arbeit hat eine immer schnellere Erschließung der natürlichen Ressourcen ermöglicht – zugunsten Europas, dann der Vereinigten Staaten und anderer Weltmächte, zu denen heute China zählt, und zugunsten der Kapitaleigner in diesen Staaten. Die Folgen sind: 1. eine skandalöse Ungleichheit zwischen reichen und armen Ländern, 2. eine skandalöse Ungleichheit zwischen Reich und Arm in den einzelnen Ländern, 3. eine unsinnige industrielle Überproduktion, Ursache einer wilden Vergeudung, 4. das Versiegen der natürlichen Ressourcen, Ursache jetziger und zukünftiger Kriege, 5. die Zerstörung der Umwelt, wodurch die Lebensbedingungen der Gattung gefährdet werden. Schon bricht die Katastrophe an. All das geschah sehr schnell und wird sich noch beschleunigen.

2. DIE FEHLENDE IDEE. Überall auf der Welt schließen sich Leute zusammen, um andere gesellschaftliche Beziehungen und neue Produktionsweisen ins Leben zu rufen, aber diese Versuche bleiben Stückwerk. Andere schaffen Organisationen größeren Maßstabs und versuchen, die zerstörerischen Auswirkungen des Systems in Schranken zu halten, scheitern aber, weil sie das System selbst nicht antasten. Um die gegenwärtige Verwirrung und Ohnmacht zu überwinden, sind zwei Dinge notwendig: Wir müssen uns über die Ursache der Krise einig werden und bestimmen, was wir eigentlich wollen. Da ein Zurück in die Vergangenheit unmöglich ist, wird es sich notwendigerweise um etwas Neues handeln.

Dies wird unter anderem die Abschaffung der heutigen Lohnarbeit sein. Sie kann abgeschafft werden, weil die Produktionstechniken es nunmehr gestatten, in einem Bruchteil der zur Verfügung stehenden Zeit zu produzieren, was wir benötigen, um auf die rechte Weise zu leben. Die Beibehaltung der Lohnarbeit zwingt uns hingegen dazu, eine riesige Menge überflüssiger Gegenstände zu produzieren, die nur durch eine allgegenwärtige Werbung, eine entfesselte Konkurrenz sowie eine immer schnellere Zerstörung der Produkte und folglich eine maßlose Vergeudung verkauft werden können. Ihre Beibehaltung zwingt zudem jeden Einzelnen dazu, um jeden Preis eine Anstellung zu finden, während die technische Entwicklung fortlaufend die Zahl der verfügbaren Stellen reduziert – oder aber die Arbeitslosigkeit in Kauf zu nehmen.

Dies ist der historische Moment. Der Kapitalismus hat in sehr kurzer Zeit die Bedingungen seiner Überwindung geschaffen, wir aber wagen diesen Schritt nicht, weil wir nicht imstande sind, uns die Freiheit zu denken, die wir erringen könnten. Zweierlei hindert uns daran: Wir sehen nicht, dass die Abschaffung der Lohnarbeit keinesfalls das Ende der Arbeit bedeutet, sondern nur das Ende der *erzwungenen* Arbeit; und wir verzichten auf diese Freiheit, weil wir nicht wissen, was wir mit ihr anfangen sollen. Heißt dies, dass unsere Knechtschaft eine freiwillige ist? Nein, sie erklärt sich aus einem blinden Fleck. Es fehlt uns die *positive* Idee der Freiheit, die wir genießen könnten, wenn wir es nur wollten. Wir kehren gleichsam der Zukunft den Rücken.

Die positive Idee, die uns fehlt, ist in der Vergangenheit nicht zu finden. Der Widerstand, den der Kapitalismus von Anfang an ausgelöst hat, und die Kämpfe, die gegen ihn oder gegen seine Auswirkungen gefochten wurden, sind durchweg im Namen einer negativen Konzeption der Freiheit geführt worden: Der Mensch, als freies Wesen geboren, würde seine Freiheit wiederfinden, hieß es, wenn es ihm gelingen würde, seine Ketten zu brechen oder ein ungerechtes System schrittweise umzugestalten. Was nachher kommen würde, ließ sich aus dieser Auffassung der Freiheit nicht ableiten. Marx hat uns über die Gesellschaft, die auf die Emanzipation der Arbeiter folgen sollte, keinen Hinweis hinterlassen. Ihre Befreiung würde genügen, um eine bessere Gesellschaftsform hervorzubringen. Diese Leerstelle in seinem Denken hatte zur Folge, dass weder die Arbeiterbewegung noch die Revolutionen, die sich auf sie beriefen, das kapitalistische System abschafften. Sie schufen verstaatlichte Varianten. Es konnte nicht anders kommen, denn wie Madame de Staël in ihren *Betrachtungen über die französische Revolution* schrieb: »Wirklich zerstört ist nur, was ersetzt wird.«[1] Dies gilt auch heute. Es nützt nichts zu setzen, dass der Mensch frei geboren wird oder dass er dazu berufen ist, ein freies Wesen zu werden, solange man nicht über eine positive Idee der Freiheit verfügt.

3. WIEDERAUFNAHME DER AUFKLÄRUNG. Um uns diese Idee auszudenken, müssen wir uns in den Gang der Geschichte versetzen und von der Aufklärung ausgehen. Ihre Errungenschaft war die Autonomie des Individuums. Nicht mehr die religiösen und politischen Obrigkeiten sollten ihm vorschreiben, wie es sich zu verhalten habe. Es sollte jeder seinem Gewissen und der Vernunft gemäß selbstbestimmt handeln und sich durch Beratung mit den anderen verständigen. Die Aufklärung war eine philosophische Bewegung, weil sie das menschliche Wesen studierte und sich dabei, soweit es ihr möglich war, von den Vorurteilen der Tradition löste. Sie hat aufgezeigt, dass unsere Ideen weder einer göttlichen Offenbarung entstammen noch uns angeboren sind, sondern aufgrund unserer Erfahrung entstehen. Kant hat diese »kopernikanische Revolution«, wie er sie nannte, vollendet. Für ihn wie auch für andere Denker der Aufklärung verstand es sich von selbst, dass ihre Entdeckungen von universaler Tragweite waren. Die menschlichen Anlagen, die sie an den Tag brachten, waren allen Menschen gemeinsam.

Dieser Fortschritt wurde unerbittlich bekämpft – zunächst von den Mächten, die ihre traditionellen Ansprüche gefährdet sahen, dann von Denkern, die ganz im Gegensatz zu den Aufklärern behaupteten, das Individuum sei notwendigerweise voll und ganz durch die historische Gemeinschaft bestimmt, in die es geboren wird, und könne sein

Glück nur in der Teilnahme am Schicksal dieser Gemeinschaft finden. Ihre Ablehnung des Universalismus erstreckte sich auf das Denken: Für sie hatte jedes Volk sein eigenes Denken, ausgedrückt in seiner eigenen Sprache. Seither haben sich die Fürsprecher der Aufklärung und die Anhänger der Gegenaufklärung gnadenlos bekriegt und tun dies heute noch. Dieser Konflikt ist einer der Schlüssel zum Verständnis der Geschichte der letzten zwei Jahrhunderte und des heutigen Geschehens.[2]

4. ZWEIFACHER VERRAT AN DER AUFKLÄRUNG. All dies wäre sehr viel klarer, wenn wir es mit zwei deutlich umrissenen Lagern zu tun hätten. Die Lage ist aber verworren, weil der Geist der Aufklärung verraten worden ist. Ihre zentrale Idee war die der *Vernunft*. Chamfort pries sie mit folgenden Worten: »Nur wenige Menschen pflegen einen strengen und unerschrockenen Gebrauch von ihrer Vernunft zu machen und wagen es, sie entschlossen auf alle Gegenstände anzuwenden. Es ist höchste Zeit, sie auf alle Gegenstände der Moral, der Politik und der Gesellschaft anzuwenden; auf die Könige, die Minister, die Mächtigen, die Philosophen, auf die Grundsätze der Wissenschaften, der Schönen Künste usw. Andernfalls werden wir nur Mittelmäßiges leisten.«[3]

Diese Vernunft (*la raison*) wurde auf zweifache Weise verraten. Einerseits wurde sie dem Vernünftigen (*le raisonnable*) gleichgesetzt, das heißt der

Umsicht und der Einhaltung von Normen; andererseits dem Rationalen (*le rationnel*), mit anderen Worten: dem rationalen Denken (*le raisonnement*), das nach Effizienz strebt. Letzteres wurde zur allgemeinen Rechtfertigung der »rationalen« Organisierung der Arbeit, der Ökonomie und schrittweise des gesamten menschlichen Lebens. Das hat die Entwicklung der Naturwissenschaften und der Technik vorangetrieben, aber auch zu neuen Formen der Entmenschlichung und der Gewalt geführt, wie sie die heutige Epoche geprägt haben, von der Fließbandarbeit bis zu den Vernichtungslagern. Alles was »rationell« war, wurde von den neuen Herren für gut befunden.

Dieser zweifache Verrat an der Vernunft erklärt zwei verhängnisvolle Phänomene, die in der Geschichte der letzten zwei Jahrhunderte einen großen Schaden angerichtet haben und es heute weiterhin tun. Zum einen hatten die Feinde der Aufklärung leichtes Spiel, die industrielle und kapitalistische Welt als das natürliche Erzeugnis der Aufklärung anzuprangern und dadurch die Aufklärung selbst zu diskreditieren. Dies ist seit zwei Jahrhunderten die magische Formel des reaktionären Denkens. Das andere Phänomen war das Werk der großen Kapitaleigner, für die es viel schwieriger war, als Feinde der Aufklärung aufzutreten, die aber verhindern wollten, dass man sich tatkräftig der Vernunft gegen sie bediente. Einerseits erfanden sie die Religion des Fortschritts, die vorgab, ihr Wirken sei ein notwendiges Übel auf dem Weg zu einem zukünftigen Gut (was auch für die kommunistische Utopie gegolten hat). Andererseits verbündeten sie sich insgeheim oder offen mit den reaktionären Kräften, und manchmal mit den schlimmsten (den Nationalsozialisten). Diese Allianzen waren für sie in mehr als einer Hinsicht vorteilhaft. Sie führten große Menschenmengen dazu, ihr Heil in vergangenen Gesellschaftsformen und einer idealisierten Vergangenheit zu suchen. Das erlaubte ihnen zudem, die (nationalen, ethnischen, religiösen) Gemeinschaften gegeneinander auszuspielen, ja aus den daraus folgenden Kriegen Profit zu schlagen. Die zeitgenössische Geschichte ist der Katalog der Übel, die diese Bündnisse zwischen den Kapitaleignern und den reaktionären Kräften sowie deren gemeinsamer Krieg gegen die Aufklärung hervorgebracht haben. Der Katalog lässt sich täglich aktualisieren, denn dieser Krieg und diese Bündnisse führen weiterhin zu immer neuen und stets ähnlichen Übeln. Nur dass die Krise heute droht, all diese blinden Machthaber in den Abgrund zu stürzen, und mit ihnen auch die klarsichtigen Zeugen.

Um diesem abgekarteten Spiel und dieser immer gefährlicheren Verwirrung ein Ende zu setzen, gilt es erneut bei der Aufklärung anzusetzen, um sie weiterzuführen und zu vertiefen.

5. DIE AUFKLÄRUNG UND DAS STUDIUM DES MENSCHLICHEN SUBJEKTS. Kant hat die Aufklärung auf die lateinische Formel *sapere aude* gebracht, wörtlich »wage es zu wissen«. Habe Mut, sagte er damit, dich deines *eigenen* Verstandes zu bedienen. Lasse dich nicht mehr wie ein Kind behandeln, entledige dich der Vormundschaft, die man dir auferlegt.[4] Sein Zeitgenosse Lichtenberg hat eine andere Definition vorgeschlagen: »Aufklärung in allen Ständen besteht eigentlich in *richtigen Begriffen von unsern wesentlichen Bedürfnissen.*«[5] Diese Definition ist heute besonders hilfreich, weil die Frage nach unsern wesentlichen Bedürfnissen zentral geworden ist. Und auf sie können wir nur antworten, wenn wir einen richtigen Begriff davon haben, was wir sind. Es ist eine philosophische Frage.

Die Aufklärung war eine philosophische Bewegung, weil sie nicht nur ein reiches Wissen über den Menschen, über die verschiedenen Gesellschaften, über ihre Institutionen und Sitten, über Techniken und Künste angesammelt hat, sondern weil sie auch und vor allem in der Kenntnis des Subjekts als solches hat vorankommen wollen. Dies ist aber eine Kenntnis anderer Art, denn derjenige, der sie erlangen will, ist selbst ein Subjekt und kann das Subjekt ernsthaft nur an sich selbst studieren.

Die Schwierigkeit ist, dass dieses Studium uns zu nahe geht. Lichtenberg hat das genau gesehen:

»Das Wesen, was wir am reinsten aus den Händen der Natur empfangen, und was uns zugleich am nächsten gelegt wird, sind wir selbst, und doch wie schwer ist da alles und wie verwickelt! Es scheint fast, wir sollten bloß würken ohne uns selbst zum Gegenstand der Beobachtung zu machen.«[6] Wir können aber, wenn wir es nur wollen, unsere eigene Aktivität von innen aus beobachten. Wir können uns darin üben. Sie besitzt genug Spielarten, Diskontinuitäten, Unstimmigkeiten und lose Stellen, an denen wir ansetzen können. Dazu müssen wir nur neugierig, aufmerksam und geduldig sein und Freude am Experimentieren haben.

6. WIEDERANKNÜPFEN AN SPINOZA. Die aufmerksame Beobachtung dessen, was in uns vor sich geht, in allen Beschäftigungen und Lebenslagen, führt zur Entdeckung von Konstanten, die wir als Gesetze unserer Aktivität bezeichnen können. Spinoza (1632–1677) war der subtilste und konsequenteste Beobachter dieser Gesetze. Er ist daher einer der großen Vorläufer der Aufklärung, auch wenn er meistens nicht als solcher angesehen wird. Der Grund dafür ist, dass sein System, besonders in der *Ethik*, auf der Deduktion beruht. Er geht vom Allgemeinen zum Besonderen – von der gesamten Wirklichkeit, die er Natur nennt, zur besonderen Wirklichkeit des menschlichen Subjekts. Dieses Vorgehen war ein Mittel, sich in einer Zeit, die noch vom theologischen Denken beherrscht

war, Gehör zu verschaffen, aber macht ihn heute schwer verständlich. Es war auch ein Mittel, seinen Atheismus nicht zu offen zum Vorschein kommen zu lassen. Er verbarg ihn auch dadurch, dass er die Natur, worunter er die Gesamtheit der Wirklichkeit verstand, mit Gott gleichsetzte.[7]

Heute müssen wir seine Methode umkehren und nicht mehr deduktiv, sondern induktiv vorgehen. Lasst uns unsere Aktivität beobachten, die Phänomene beschreiben, die uns auffallen, und auf die Beziehungen achten, die sie untereinander haben: Dies wird uns auf die Gesetze unserer Aktivität bringen. Lasst uns bei jedem Schritt die Worte finden, die am genauesten wiedergeben, was wir wahrnehmen. Wir werden auf diesem Weg zur Kenntnis des Subjekts gelangen, die bisher fehlte.

Sie wird so neu sein wie diejenige, die Spinoza damals formulierte. Er sah, wie in ganz Europa die Übel der Vergangenheit: die Willkür der Mächtigen, die Intoleranz, die Religionskriege und ihre zahllosen Grausamkeiten, der Aberglaube und die Ignoranz, und zum anderen das Neue: die Republik, die Toleranz, die Gewissensfreiheit verbunden mit der Achtung vor dem Gesetz, der freien Diskussion auf allen Gebieten, die experimentale Methode in den Wissenschaften gegeneinander kämpften. In den Niederlanden überwog das Neue, insbesondere in Amsterdam. Um sich durchsetzen zu können, bedurfte es einer philosophischen

Grundlage. Er hat versucht, sie zu liefern, und dies müssen wir in der historischen Lage, in der wir heute sind, erneut tun: den Kräften, die die Welt von Morgen vorbereiten, die philosophische Grundlage liefern, die ihr noch fehlt.[8]

7. DIE METHODE. Spinoza war ein subtiler und strenger Beobachter, aber er hat sich nie über die Beobachtung selbst ausgesprochen. Er hat es nicht für notwendig befunden, weil ihm nicht dieser Ausgangspunkt wichtig war, sondern die Thesen, zu denen er letztlich führte. Wir aber, die wir uns heute für die Methode der Induktion entscheiden, müssen genau bestimmen, worin diese Selbstbeobachtung des Subjekts besteht und zu welchen Einsichten sie führt.

Drei Punkte sind hervorzuheben.

1. Es handelt sich um die Beobachtung dessen, was *vor sich geht*, um unsere *Aktivität*. Wir können diese nur zeitweise beobachten, sollen es aber in allen unseren vielfältigen Beschäftigungen und in allen nur denkbaren Lebenslagen tun. Dieses Beobachten ist ein Spiel, an dem man wachsendes Gefallen findet. Die Wahrnehmung wird feiner und feiner. Sie führt am Ende dazu, dass wir uns selbst als *ganz aus Aktivität bestehend* erfassen.

2. Es gibt ein einfaches Mittel, diese Wahrnehmung beträchtlich zu entwickeln: das *Innehalten*, um das es in der folgenden Skizze gehen wird. Das Innehalten ist unumgänglich, wenn wir über eine

sehr oberflächliche Beobachtung unserer selbst hinausgehen wollen.

3. Der Beobachtung der Aktivität, die wir beim Sprechen entfalten, kommt eine besondere Bedeutung zu – weil diese Aktivität in unserem Dasein eine zentrale Rolle spielt, aber auch weil die Sprache zugleich ein großes Hindernis für die Beobachtung unserer Aktivität darstellt. Aus diesen beiden Gründen werde ich weiter unten länger auf das Phänomen der Sprache eingehen.

Hinzu kommt die Beobachtung der Aktivität der anderen, die wir in Analogie zur unseren verstehen und die uns rückwirkend über sie belehrt.

8. DAS INNEHALTEN. Wir sind von Natur aus aktiv, wir sind die meiste Zeit handelnde Wesen, ganz gleich ob wir tatsächlich oder nur in unserer Vorstellung handeln. Alle unsere Handlungen, alle unsere Gesten, selbst die nur eingebildeten, sind *intentional*. Sie zielen auf etwas, das entweder erreicht oder vermieden werden soll. Weil die *Intention* uns antreibt, denken wir fortwährend an das, was wir begehren oder fürchten. Doch es kommt auch vor, dass wir sie in der Schwebe halten. Wir tun es zum Beispiel, um nachzudenken, uns an etwas zu erinnern, etwas genau zu beobachten oder zu empfinden. Wenn wir dieses In-der-Schwebe-Halten oder *Innehalten* praktizieren, setzen andere Formen der Aktivität ein.

Beobachten wir zum Beispiel, was geschieht,

wenn ich nach einem Wort suche: Ich halte inne und versetze mich in eine Art Leere. Ich bewege mich nicht mehr, mein Gesicht wird ausdruckslos, mein Blick erstarrt und ich warte ab. Sobald das Wort auftaucht, fasse ich mich und nehme das Gespräch wieder auf. In diesem Fall wie in vielen anderen bin ich von einer Form der Aktivität zu einer anderen übergegangen. Ich habe das durch das Innehalten bewirkt.

Ich kann dies ganz spontan tun oder mich auch darin üben. Ich stelle das Handeln ein, auch das Handeln in Gedanken. Ich lasse das Begehren und das Fürchten. Vergessen sind Wünsche und Ängste, Absichten und Abwägungen. Ich rege mich nicht mehr, Ruhe kehrt in mich ein, ich lasse mich sinken. Wenn ich dies wiederhole, schalte ich immer besser aus und bleibe immer länger in der so entstandenen Leere. Es wird zu einem Spiel, einem Spaß, einem Bedürfnis.

Ich entdecke nach und nach, wie fruchtbar diese Leere ist. Oft bildet sich in ihr eine Intuition, ein Gedanke oder eine Gedankenverbindung: So entsteht das Denken. Oder es erscheint ein Bild, eine Schau, einer Art Traum gleich, die sich aber durch die Aufmerksamkeit, die ich auf sie richte, immer klarer ausgestaltet, bis sie zuweilen zu einer außerordentlichen Schärfe gelangt, den Visionen der Seher verwandt. Es zeigt sich hier schlicht und ergreifend das Wirken unserer *Einbildungskraft*[9], die wir alle in unterschiedlichem Grad besitzen.

Ich kann glücklich in dieser Leere – in diesem Nichts – verweilen. Die Welt um mich herum besteht weiterhin, aber wird leichter und rückt in die Ferne. Ich kann mich entweder der Träumerei hingeben oder mich an die Welt erinnern, die mich umgibt, einzelne akustische oder optische Eindrücke zu mir dringen lassen und sie nach Belieben kombinieren. Es steht mir aber auch frei, die Stille sich ausweiten zu lassen, bis sie zur einzigen wahrgenommenen Wirklichkeit wird. Meine Aktivität wird da zu einem reinen, gegenstandslosen Bewusstsein. Sie ist nunmehr eine diffuse Energie, die sich selbst wahrnimmt und sanft und gleichmäßig leuchtet. Die Welt bleibt gegenwärtig, aber weit in der Ferne.[10]

Die Meditation nützt diese natürliche Veranlagung, oder sollte es tun. Die meisten Methoden sind unwirksam, weil sie den Ausgangspunkt des schlichten Innehaltens ignorieren. Viele Meditierende bleiben der Intention verhaftet, weil sie etwas erstreben: ein außergewöhnliches Erlebnis, eine persönliche Vervollkommnung oder eine seelische Befreiung. Sie befolgen gewissenhaft die Rezepte, die man ihnen empfohlen hat oder die zur Lehre gehören, zu der sie sich bekannt haben. In der Kenntnis ihrer selbst kommen sie kaum voran, weil sie sich an das Vorgeschriebene halten, anstatt vorurteilslos zu beobachten, was in ihnen vorgeht.

Auf all diesen Wegen stoßen wir auf ein und dasselbe Paradox. Wenn wir die Intention in der

Schwebe halten, manifestiert sich eine Art sekundärer Intention, dank der wir uns im Zustand der Leere halten und die Aktivität, die sich in ihr entfaltet, in diese oder jene Richtung lenken. Ich stelle fest, dass wir diese Fähigkeit besitzen. Wie sie zu erklären ist, weiß ich nicht. Wir handeln, aber indirekt.

Zahllos sind die Beobachtungen, die wir in diesem Bereich machen können. Das Einstellen der körperlichen Bewegung ist das sicherste Mittel, das Innehalten herbeizuführen, aber es kann sich auch einstellen, wenn wir uns einer kontinuierlichen, vertrauten und gänzlich integrierten Aktivität hingeben – wenn der Körper von selbst handelt. Das kann zum Beispiel beim Gehen geschehen.[11]

9. DER IRRTUM DER ABENDLÄNDISCHEN PHILOSOPHEN. Wie jeder von uns haben auch die abendländischen Philosophen das Innehalten praktiziert, aber ohne darauf zu achten, was sie dabei taten, womöglich weil es sich um eine spontane, unmerkliche Umstellung handelt. Sie haben sie unzählige Male vollzogen, ohne sie zu gewahren – als ob sie ihr Leben lang Türen geöffnet und geschlossen hätten, ohne zu bemerken, dass Türen Angeln haben.

Jedenfalls haben sie den Nutzen, den man aus dem Innehalten ziehen kann, nicht entdeckt und sind daher auch nicht zur richtigen Kenntnis des

Subjekts gelangt. Weil sie die Erfahrung des reinen Bewusstseins nicht gekannt oder sie zumindest nicht verstanden haben, sind sie zu dem Schluss gekommen, dass das Bewusstsein zwangsläufig immer das Bewusstsein *von etwas* sei. Dieser Irrtum erklärt weitgehend die Geschichte der modernen Philosophie. Denn was ist das Bewusstsein? – so haben sie sich gefragt. Wie bezieht es sich auf die Dinge? Wie bezieht es sich andererseits auf das Ich und was ist dieses Ich – dieses Ichgefühl, das wir als selbstverständlich hinnehmen, das sich aber jeder Definition entzieht? Angefangen mit Descartes haben sie sich alle bemüht, auf diese Fragen zu antworten, ohne zu einer befriedigenden Lösung zu gelangen. Mit Husserl und der Erfindung der Phänomenologie hat ein neues Kapitel dieser Geschichte begonnen. Er hat die *Epoché*, die einer Art Innehalten gleichgesetzt werden kann (dieses griechische Wort bedeutet »Zweifel« oder »In-der-Schwebe-Halten des Urteils«), zu seinem Ausgangspunkt gemacht, aber, Brentano und einer älteren Tradition folgend, die auf die Scholastik zurückgeht, hat er an der Vorstellung festgehalten, dass das Bewusstsein immer Bewusstsein *von etwas* sei. Er nannte dies die *Intentionalität* des Bewusstseins. Mit *Intention* meine ich hier etwas ganz anderes.

Diese Philosophen haben übersehen, was uns die Beobachtung unserer Aktivität offenbart: 1. Das Bewusstsein ist nichts anderes als unsere Aktivität, wenn diese sich selbst wahrnimmt. 2. Unser Ich-Gefühl entsteht in unserer Aktivität, sobald diese sich selbst wahrnimmt, und verändert sich den verschiedenen Formen unserer Aktivität entsprechend. 3. Die äußere Wirklichkeit nehmen wir nur in der Form war, die sie in unserer Aktivität annimmt. 4. Unsere Aktivität, die sich zeitweilig und auf unterschiedliche Weise selbst wahrnimmt, kann sich durch Beobachtung, Experimentieren und die eigene Vervollkommnung selbst erkennen. Diese vier Sätze bewahrheiten sich, je mehr wir in der Beobachtung vorankommen. Wir bilden uns ein, eine direkte Anschauung von der Wirklichkeit, so wie sie an und für sich besteht, zu haben. Dies ist eine natürliche und nützliche Illusion, aber eben doch eine Illusion.

10. DIE ZWEI ENTHALTUNGEN. Das Innehalten hat noch eine andere Wirkung. Wenn ich mich nicht mehr bewege und alle intentionale Aktivität versiegt, vergeht auch die Lust zu sprechen. Die Sprache ist vergessen. In der Stille wohne ich der Abfolge der aufkommenden Erscheinungen bei. Ich muss meinem inneren Geschwätz und dem damit einhergehenden Abspulen meiner gewohnten Gedankengänge Einhalt gebieten, damit diese Erscheinungen sich frei entfalten können.

Meistens beobachten wir schlecht, weil wir nur bestätigen, ergänzen oder korrigieren wollen, was wir zu wissen vermeinen. Auch die Philosophen beschränken sich meistens darauf, in der Beobachtung Belege für ihren Diskurs zu suchen. Nur wenige lösen sich von ihm, um wirklich dem Unbekannten zu begegnen. Allzu schnell stellen sich die Worte zwischen sie und die Sache und täuschen ihnen vor, dass sie sie gesehen haben, bevor sie ihr überhaupt begegnet sind.

Die Rückkehr aus der stillen Beobachtung zur Sprache vollzieht sich auf unterschiedliche Weise. Meistens lässt unsere Aufmerksamkeit nach und das innere Geschwätz, die übliche Orchestrierung des Bekannten, setzt wieder ein. Manchmal aber ruft das Schauspiel meiner Aktivität Worte hervor, die mir besonders treffend scheinen und die ich mir merke, um meine Erfahrung später beschreiben zu können. In der Philosophie sollte man sich immer einer Sprache bedienen, die sich durch und durch an die Erfahrung hält und für jedermann verifizierbar ist. Von einer dritten Weise, zur Sprache zurückzukehren, wird weiter unten noch die Rede sein.

Es gibt also zwei Schlüssel, die den Weg zur Beobachtung unserer Aktivität öffnen: sich jeglicher Bewegung enthalten, sich des Sprechens enthalten.

11. NOTWENDIGKEIT UND FREIHEIT. Spinoza bemerkt, dass der Mensch weiß, was er will, aber meistens keine Ahnung hat, warum er es will. Er wähnt sich frei, weil er nicht sieht, dass auch sein Wille eine Unzahl von Ursachen hat. Wenn er

nach ihnen sucht, wird ihm bald klar, dass er in einer unendlichen Verkettung von Ursachen und Wirkungen lebt, die alles bestimmen, was in der Natur und in ihm selbst geschieht, und das stellt ihn vor eine große Schwierigkeit: Die Freiheit, das kostbarste aller Güter, das laut Montesquieu »den Genuss aller anderen bedingt«, scheint in diesem gänzlich determinierten Universum keinen Platz zu haben. Zugleich aber handelt es sich um eine Idee, auf die er unmöglich verzichten kann. Wie soll er dieses Problem lösen?

Durch die Beobachtung. Wenn mir zum Beispiel eine Idee einfällt, halte ich inne und versuche herauszufinden, woher sie kommt. Ich finde die Gedankenkette, die bis zu ihr geführt hat, oder zumindest ihre letzten Glieder. Ich kann auch den mehr oder minder naheliegenden Ursachen einer Erinnerung, eines Gefühls oder einer spontanen Handlung nachgehen. Ich stelle bald fest, dass alles in mir vielfältige Ursachen hat, die mir zugänglich sein können oder dies nicht mehr sind oder es nie waren. Widerspricht diese Feststellung der Idee der Freiheit? Nein, aber sie zwingt mich dazu, diese Idee neu zu überdenken.

12. DIE INTEGRIERUNG. Spinoza begriff die Beziehung zwischen Ursache und Wirkung in herkömmlicher Weise als Verkettung. In unserer Aktivität gibt es aber auch eine andere Form der Kausalität, die durch Integrierung entsteht: Ver-

streute Elemente sammeln sich, vereinen sich und bringen ein neues Phänomen hervor. So leitet sich zum Beispiel die Idee, die mir einfällt, nicht immer von einer vorhergehenden Idee ab. Sie kann sich auch durch einen Integrierungsprozess bilden. Gleiches gilt für eine Intuition, eine plötzliche Ergriffenheit oder eine unvorhergesehene Handlung. Durch Integrierung kommt es in der Aktivität, aus der wir bestehen, zur Entstehung von *Neuem*. Das Prinzip der Integrierung erlaubt es, Phänomene als notwendig zu begreifen, die wie aus dem Nichts aufzutauchen scheinen.

Dieses Prinzip erlaubt uns, unsere Lernprozesse genauer zu beobachten, denn es sind Integrierungsprozesse. Wenn ein Kind lernt, Wasser in ein Glas zu gießen, muss es verschiedene Bewegungen aufeinander abstimmen, bis aus ihrer Verbindung die Geste entsteht. Dieses Abstimmen der Bewegungen erfordert Aufmerksamkeit und Geduld: Das Kind leistet eine Arbeit, aus der früher oder später plötzlich die Geste geboren wird. Sie entsteht aus einem Prozess der Integrierung, der in der Aktivität des Körpers vor sich gegangen ist. Was Anstrengung kostete, wird nun ganz leicht. Das Kind hat eine Potenz erworben. Fortan kann es die Geste jederzeit ausführen, tatsächlich oder nur in Gedanken. Es kann sie sich vorstellen und innerlich begreifen, wenn es sieht, wie andere sie ausführen. Dies gilt für alle Potenzen, die wir seit frühester Kindheit erworben haben, die des »Körpers« wie die des »Geistes«. Vom Gesichtspunkt der Aktivität und ihren Gesetzen aus betrachtet hat diese Unterscheidung keinen Sinn.[12]

Kommen wir nun auf den Begriff der Freiheit zurück. Wenn die Geste plötzlich von allein geschieht, lächelt das Kind. Es empfindet ein *Gefühl von Freiheit*. Es wird in der Folge seine Geste verfeinern können. Es wird sie nach und nach sicherer, genauer und eleganter ausführen und bei diesem Spiel ein *Gefühl von Freiheit* verspüren. Wir fühlen uns frei, wenn unsere Handlungen wie von selbst und ohne Verzug geschehen. Wir fühlen uns frei, wenn eine Potenz, die wir erworben haben, sich auf natürliche Weise, einer inneren Notwendigkeit gemäß manifestiert. Notwendigkeit und Freiheit sind dann ein und dasselbe. Daraus folgt, dass ein Mensch desto freier ist, je mehr Potenzen er entwickelt hat, und somit die Fähigkeit besitzt, in mehr Situationen auf notwendige Weise zu handeln.

13. DIE AUFMERKSAMKEIT. Wir fühlen uns frei und *sind es*, in einem gewissen Sinn, sobald wir aus einer inneren Notwendigkeit heraus handeln und unsere Aktivität auf keine inneren Hindernisse stößt. Zahlreich sind freilich auch die Momente, in denen wir ein Gefühl der Unfreiheit verspüren: Unsere Aktivität stockt, weil in ihr verschiedene Kräfte einander entgegenwirken und sich gegenseitig lähmen. Das sind Momente des Leidens – des leichten oder tiefen, manchmal des unerträglichen Leidens –

der Sehnsucht, der Frustration, der Ungeduld, der Verwirrung, Entmutigung, Depression, Angst, Eifersucht, des Hasses, der Verzweiflung.

Das Heilmittel ist immer dasselbe: Die Spannung herabsetzen, damit die einander entgegenwirkenden und sich lähmenden Kräfte wieder in Bewegung geraten und ein Integrierungsprozess entsteht, der in uns die Fähigkeit, zu handeln und uns zu erneuern, wiederherstellt. Aber wie können wir die Spannung herabsetzen? Indem wir innehalten, auf jegliches Wollen verzichten, dadurch den Konflikt zwischen den Kräften entspannen und *aufmerksam verfolgen, was geschieht*. Diese Aufmerksamkeit wirkt auf das ein, worauf sie gerichtet wird: Sie setzt den Brennpunkt des Konfliktes oder des Schmerzes in einen geweiteten Raum, in dem sich die Kräfte wieder freisetzen können, um sich neu miteinander zu verbinden, bis sie wieder einen Integrierungsprozess in Gang setzen, der zu einer vereinten Aktivität führen wird. Die Aufmerksamkeit wirkt auf dieselbe Weise, wenn ich in einem Lernprozesses auf Schwierigkeiten stoße: Sie schafft den Raum, in dem sich die in Anspruch genommenen Kräfte neu verbinden und den Integrierungsprozess wieder in Gang bringen können. Diese *Fähigkeit zum Ausschalten* ist uns angeboren, aber wir verlieren sie, wenn die Anspannung zu groß wird oder der Schmerz zu stark. In solchen Fällen brauchen wir die Hilfe anderer, um den Konflikt, der uns lähmt, zu lockern und unsere Bewegungsfreiheit zurückzugewinnen. Wer eine solche Befreiung erfahren hat, dem wird das Innehalten nach und nach zu einem Vergnügen, denn es ist ein Genuss, sich jederzeit in die Leere versetzen zu können, damit die Aktivität, aus der wir bestehen, sich von selbst umgestaltet oder uns offenbart, was in ihr entsteht.

Das Problem der Freiheit klärt sich nun. Der allgemeine Determinismus, den anzunehmen uns die Beobachtung zwingt, schien die Idee der Freiheit auszuschließen. Er schließt sie tatsächlich aus, wenn sie als Quelle des Beliebens oder der Willkür verstanden wird. Über einen Umweg führt er uns aber zu einem viel bedeutsameren Begriff der Freiheit. Die Vorstellung, dass in unserer Aktivität alles determiniert ist, bewegt uns dazu, sie aufmerksamer zu beobachten. Unsere Aufmerksamkeit fördert die Integrierungsprozesse, die in uns neue Potenzen hervorbringen und unsere Fähigkeit steigern, auf notwendige Weise *und somit frei* zu handeln. Hinzu kommt, dass wir durch diese Vervollkommnung auch in der Erkenntnis voranschreiten.

14. DER KÖRPER UND DAS BEWUSSTSEIN. Wenn wir stillschweigend und bewegungslos unsere eigene Aktivität beobachten, scheint es in ihr zwei Teile zu geben, einen beobachtenden und einen beobachteten. Den ersten setzen wir dem Bewusstsein gleich, der zweite scheint uns unbewusst. Daraus schließen wir, dass sie ihrem Wesen nach

verschieden sind, was zum Dualismus führt, der unser Denken so stark geprägt hat und mit Descartes seine kanonische Form erhielt: in seiner Unterscheidung zwischen dem »Denken«, das heißt dem Bewusstsein, und dem »Raum«, womit er sowohl den Raum an sich als auch die darin enthaltenen Gegenstände und Körper meinte, auch unseren eigenen. Er betrachtete daher unser Bewusstsein und unseren Körper als wesensverschieden. Er hat zwar immer wieder betont, dass sie *de facto* miteinander vereint sind, aber er konnte diese Einheit nicht erklären. Die Zirbeldrüse war sein Notbehelf: Er löste das Problem durch die Behauptung, sie verbinde das Denken mit dem Körper. Spinoza hat sich in diesem Punkt über ihn lustig gemacht[13] und ihm einen strengen Monismus entgegengehalten: So wie die Wirklichkeit als Ganzes *eins* ist, ist auch die Wirklichkeit *eins*, die jeder für sich selbst bildet, aber wir nehmen sie auf zwei verschiedene Weisen wahr: bald als Körper, bald als Bewusstsein. Über diese Verdoppelung des Gesichtspunktes ist er nicht hinausgekommen und durchgesetzt hat sich Descartes' Dualismus. Seit dreihundert Jahren beschäftigen sich die meisten abendländischen Philosophen mit den Problemen, die mit diesem Dualismus einhergehen (siehe oben, S. 23 f. »Die zwei Enthaltungen«). Sie entsprangen der *falschen Vorstellung* des Bewusstseins als einer sowohl vom Körper als auch von den Dingen getrennten Wesenheit.

Denn was lehrt mich die Beobachtung, wenn ich diese Vorstellung vergesse und mich damit begnüge, genau hinzusehen? Ich sehe dann, dass mein Bewusstsein Teil meiner Aktivität ist, dass es selbst Aktivität ist, gleichsam eine Art Leuchten in der inneren Nacht meines Körpers, ein Schimmern, das entsteht, wenn diese Aktivität intensiver wird. Sie bildet dann einen bald diffusen, bald konzentrierteren Brennpunkt, der in extremen Fällen blendend werden kann. In der großen Stille wird sie hingegen zu einem gleichmäßigen und sanften Licht. Bewusst wird nie mehr als ein kleiner Teil meiner Aktivität. Er wird es zeitweilig, in unterschiedlichem Maße. Der Rest bleibt im Halbschatten, im Dunkeln oder in finsterer Nacht verborgen.

Wie sollen wir diesen Schatten und diese Nacht nennen, die den größten Teil unserer selbst ausmachen? Ich nenne sie den »Körper«. Ich gebe diesem Wort also eine neue Bedeutung. Fortan werde ich es verwenden, bald um die Gesamtheit der Aktivität zu bezeichnen, aus der wir bestehen und die das Phänomen des Bewusstseins umfasst; bald, *in Bezug auf das Bewusstsein*, die in Dunkelheit gehüllte Aktivität, die es hervorbringt, trägt und nährt.

Diese Vorstellung des Körpers, des Bewusstseins und ihrer Beziehung unterscheidet sich deutlich von der heute üblichen. Sie lädt dazu ein, unsere Aktivität genauer zu beobachten und auf eine neue Weise zu verstehen. Sie führt zu einer neuen Beziehung zu uns selbst – und zur Welt, da unsere Wahrnehmung der Welt ja im Innern unserer Aktivität entsteht. Gemeint ist der Körper, dessen Gegenwart ich spüre, wenn ich innehalte und die Augen schließe – und den ich meist vergesse, sobald ich meine Augen wieder öffne und auf die Welt blicke. Er ist immer *mein* Körper. Im Folgenden werde ich das Wort kursiv schreiben, wenn ich es in dieser neuen Bedeutung gebrauche.

15. DAS DENKEN. Die Beobachtung lehrt uns, dass nicht das Bewusstsein denkt, sondern der *Körper*. Das Bewusstsein beschränkt sich darauf, die Gedanken zur Kenntnis zu nehmen, die in der Aktivität des *Körpers* entstehen und in seiner beleuchteten Sphäre auftauchen. In der Nacht des *Körpers* haben sich verstreute Elemente vereint und durch Integration eine Synthese hervorgebracht. Es hat eine Konzentrierung und Intensivierung der Aktivität stattgefunden, durch die sie begonnen hat, sich selbst wahrzunehmen. Sie ist an einer gewissen Stelle durch eine Art Anreicherung zu einer bewussten Aktivität geworden.

»*Es denkt*, sollte man sagen, so wie man sagt: *es blitzt*«, bemerkte Lichtenberg.[14] »Es« ist der *Körper* – denn was tun wir, wenn wir nach einer Idee suchen? Wir halten inne und warten unbeweglich auf das Auftauchen der Idee. Wenn sie ins Bewusstsein tritt, schreiben wir sie uns zu, denn das

Ich-Gefühl ist dem Bewusstsein inhärent. Aber das Bewusstsein hat die Idee nicht hervorgebracht, es hat sie sich nur zu eigen gemacht. Sein Verdienst besteht höchstens darin, dass es die Idee im *Körper* entstehen und sich ihrer eigenen Notwendigkeit gemäß entwickeln ließ.

Diese Entwicklung kann schlagartig geschehen oder sich über Minuten, Tage und Nächte, Monate, Jahre hinziehen. Wir sind nicht Herr über diese Entstehungsprozesse, können sie aber fördern oder behindern, ja vereiteln. Wer nachdenkt, lässt das Denken geschehen, lässt ihm die erforderliche Zeit. Die gute Pädagogik besteht darin, das Denken auszulösen und die Muße zu schaffen, die es braucht, um sich zu entfalten.

Eine Entscheidung entsteht genauso. Im Körper vollzieht sich ein Integrierungsprozess, der ins Bewusstsein tritt und zu einer Handlung führt. Der Wille, der in der Handlung zum Ausdruck kommt, ist nichts anderes als die Potenz, die im Integrierungsprozess entstanden ist. Wenn es sich um eine schwierige Entscheidung handelt, kann sie die Gestalt eines offenen Widerstreits in der beleuchteten Sphäre des Bewusstseins annehmen. Aber auch in diesem Fall ist es der *Körper*, der letztlich die Entscheidung trifft.

Die Hypnose bestätigt all dies. Ihr Ausgangspunkt ist ein Innehalten und ein Fahrenlassen. Ich höre auf, mich zu bewegen, schließe die Augen (daher der Anschein des Schlafs) und lasse mich in die Tiefe sinken, bleibe aber äußerst aufmerksam. Es kann dann geschehen, dass ich den *Körper* denken sehe. Unbeweglich und verblüfft wohne ich den wirklichen Umwandlungen bei, die sich im Innern meiner Aktivität vollziehen und zukünftig eine dauerhafte Wirkung haben werden. Es kann sich um ein Drama handeln, das seit langer Zeit in mir verschüttet war und nun plötzlich ausbricht. Wenn ich regungslos bleibe und es als ein Schauspiel betrachte, das mich nicht betrifft, kommt es vor, dass es sich entfaltet und vor meinen Augen seine Lösung erfährt. Wenn das Leben dann wieder seinen Lauf nimmt, bemerke ich, dass ich Zeuge einer wirklichen Auflösung war. Manchmal ist es gut, wenn eine erfahrene Person Beistand leistet, Vertrauen gibt und mit gezielten Hinweisen hilft. Solche Erfahrungen sind äußerst aufschlussreich. Sie lehren uns, dass die Einbildungskraft eine Potenz des *Körpers* ist und das Bewusstsein nicht die Quelle, sondern nur die Empfängerin.

16. DIE SPRACHE. Beobachten wir nun, was geschieht, wenn die Sprache hinzukommt. Untersuchen wir, wie sie unsere Aktivität verändert – um zunächst das Phänomen der Sprache selbst zu verstehen und dann ihre Rolle in unserem Dasein zu erfassen. Diese Rolle ist zentral. Man kann weder das Subjekt ohne die Sprache noch die Sprache ohne das Subjekt ergründen.

Wir stoßen hier auf zwei Schwierigkeiten. Die

erste liegt an der außerordentlichen Komplexität der Sprache *als Aktivität*. Die zweite rührt daher, dass es schwierig ist, uns ausreichend von dieser Aktivität zu distanzieren, *während wir sie ausüben*, um uns zu ihrem Zuschauer zu machen. Dies ist schwierig, weil wir, um Zuschauer zu werden, uns jeder Intention enthalten müssen, die Sprache aber immer von Intentionen belebt und getragen wird.

Ist eine solche Distanzierung überhaupt möglich? Können wir, ganz allgemein, der Aktivität des Körpers *in dem Moment, in dem wir handeln*, als Zuschauer beiwohnen? Wir können dies, aber unter der Bedingung, dass die beobachtete Aktivität aus Gesten besteht, die längst eingeübt und sozusagen spontan geworden sind. Wir können von innen beobachten, was wir tun, wenn wir Wasser in ein Glas schenken, weil diese Geste für uns natürlich geworden ist und wir deshalb frei sind, unsere Aufmerksamkeit auf sie zu richten, während wir sie ausführen. Dies zu tun ist aber in Bezug auf die Sprache viel schwieriger. Dazu braucht es mehr Geduld und Methode, denn die Sprache ist eine Aktivität von äußerster Komplexität, die im Innersten des Subjektes stattfindet.[15]

17. DIE LAUTE UND DAS WORT. Beginnen wir mit der Komplexität der Sprache. Um sie zu durchleuchten, werden wir ihr mehr als ein halbes Dutzend Skizzen widmen müssen.

Die Sprache ist keine Ansammlung von Wörtern, sondern ein System. Sie besteht genauer gesagt aus drei völlig verschiedenen Systemen. Das erste ist das System der Laute, aus denen sich die Wörter zusammensetzen; das zweite ist das der Wörter in ihren Beziehungen zueinander; das dritte das der Sätze.

Das erste System ist das einfachste. Damit sich Wörter bilden können, muss aus allen Geräuschen, die der Mensch hervorbringen kann, eine begrenzte Anzahl ausgewählt worden sein, wobei sich die ausgewählten Geräusche klar gegeneinander abheben müssen. Dadurch sind diese Geräusche zu *Lauten* geworden. Die Laute unterscheiden sich nach Klang und Anzahl von Sprache zu Sprache. Das Italienische und das Spanische kennen fünf Vokale, das Französische besitzt vierzehn. In jeder Sprache aber formen die Laute ein Register, das aus Reihen ähnlicher oder kontrastierender Elemente besteht. In jeder Sprache werden zwanzig, dreißig oder vierzig Laute nach gewissen Regeln miteinander kombiniert und so kommt es zu einer kodifizierten Musik, die das Bilden der Wörter ermöglicht. Sie werden sozusagen auf dem gleichen Instrument gespielt. Der menschliche Körper ist ein Instrument, das in jeder Sprache verschieden gestimmt wird.

Die Erfindung des Wortes hat dem Denken neue Wege eröffnet. Fortan konnte der Mensch Wörter, die er aussprach, nach Belieben mit Bedeutungen verbinden.

Doch wie entstanden diese Bedeutungen? Ich stelle mir diesen Vorgang folgendermaßen vor: Im Innern unserer Aktivität bilden sich Synthesen. Verschiedene Elemente unserer Erfahrung verbinden sich und formen dank einer unserer Aktivität innewohnenden *Einbildungskraft*[16] eine Art Bilder. An sich haben diese Bilder keinen Bestand. Sie würden sich sehr schnell auflösen oder verändern, wenn wir nicht die Fähigkeit besäßen, sie an Wörter zu binden. Genau dies tun wir, wenn wir das Sprechen lernen oder uns später andere Sprachen aneignen: Wir verbinden Wörter mit Synthesen der Einbildungskraft, die den Sinn der Wörter bilden. Mit der Zeit können sich diese Synthesen verwandeln, anreichern oder verblassen.

Die Verbindung zwischen dem Wort und der Synthese der Einbildungskraft bewirkt noch etwas anderes. Sie ruft in uns die Vorstellung eines *Dings* hervor, das vermeintlich *in der Form, das es in unserer Vorstellung hat*, außerhalb von uns existiert. Wort und »Ding« entstehen gleichzeitig und sind von Anfang an gepaart. »Dinge« und »Welt« sind Erzeugnisse einer Alchimie, die in uns wirkt und von der wir im Allgemeinen nichts wissen, deren Vorgänge wir aber bis zu einem gewissen Grad beobachten können. Man kann sie die *Alchimie der Objektivierung* nennen.[17]

18. DIE WÖRTER. Das erste System hat der Form nach eine fest umrissene Einheit, weil alle Wörter

einer Sprache aus ein und derselben Musik hervorgehen. Betrachtet man das zweite System, in dem aus individuellen Synthesen der Einbildungskraft die Wortbedeutungen entstehen, so stellt man fest, dass ihm diese Einheitlichkeit fehlt. Gleichwohl bilden sich die Bedeutungen der Wörter nicht aufs Geratewohl, sondern ausgehend von Elementen, die den verschiedenen Synthesen unserer Einbildungskraft zwangsläufig gemeinsam sind, was zu Überschneidungen in den Wortbedeutungen führt. So fließt beispielsweise unsere Erfahrung der Wärme und des Lichts in die Synthesen ein, die Wörtern wie »Tag«, »Sonne« oder »Sommer« ihren Sinn verleihen. Daher bilden diese Wörter eine Serie, die uns in der Natur der Dinge begründet zu sein scheint und der wir sofort die Serie »Nacht«, »Mond« und »Winter« entgegensetzen. Das Vorhandensein gemeinsamer Elemente in den Synthesen der Einbildungskraft erlaubt uns auch, bestimmte Synthesen in andere, umfassendere einzubeziehen: zum Beispiel die Synthesen »Hund« und »Katze« in die Synthese »Säugetier«, die Synthesen »Säugetier« und »Vogel« in die Synthese »Tier«. So können wir mithilfe der Wörter verallgemeinern, hierarchisieren und klassifizieren und dabei das Gefühl haben, dass unser Denken der Ordnung der Dinge entspricht. Wir empfinden dieses Gefühl auch dann, wenn wir Metaphern verwenden, denn sie beruhen ebenfalls auf den unterschwelligen Bezügen zwischen den verschiedenen Synthesen: »Die Nacht der Vernunft«, »an den Tag kommen», »die Wärme eines Empfangs«. So verhält es sich auch mit allen anderen Stilfiguren, Analogien und Gedankenassoziationen. Ohne die gegenseitige Durchdringung der Synthesen, die unsere Einbildungskraft, aus unserer Erfahrung schöpfend, gebildet hat, wären sie nicht verständlich.

Ihrer Form nach bilden die Wörter ein geschlossenes und abgegrenztes System, ihrer Bedeutung nach hingegen eine mannigfaltige Vielheit, die keine festen Umrisse hat. Diese Vielheit ist die lebendige Matrix der *Welt*, in die wir treten, wenn wir das Sprechen lernen. Denn was tut das Kind? Es errät den Sinn, den die Wörter für die Erwachsenen haben. Es schöpft in seiner eigenen Erfahrung und bildet versuchsweise analoge Synthesen. Dadurch beginnt es, die Wirklichkeit wie die Erwachsenen gleichzeitig *begrifflich zu erfassen, sich vorzustellen und wahrzunehmen*, und schafft sich dadurch eine Welt, die der ihren gleicht. So erschafft die Sprache die Welt. Jede Sprache erschafft eine Welt, die sich nur leicht oder sehr stark von anderen Welten unterscheidet. Jede Welt hat genau die Kohärenz der Sprache, die sie ausdrückt.

So kommt es zu einer zweiten Objektivierung. Nicht nur erschaffen die Wörter die *Dinge*. Vielheiten von Wörtern und die entsprechenden Vielheiten von *Dingen* bilden *Welten*, die außerhalb von uns und *so wie wir sie uns vorstellen* zu existieren scheinen. Daraus erklärt sich, dass verschiedene Personen, Gemeinschaften oder ganze Gesellschaften in unterschiedlichen und mitunter unvereinbaren Welten leben – obwohl es nur *eine* Wirklichkeit gibt.

19. DER SATZ. Indessen besteht eine Sprache nicht nur aus Wörtern oder Wortfamilien. Die Wörter benennen, aber Benennen ist nicht Sprechen. Das Sprechen beginnt mit dem Satz.

Die Erfindung des Satzes ist nicht minder bemerkenswert als die der Laute oder des Wortes. Sie ist die bemerkenswerteste, aber wurde bisher am wenigsten verstanden.

Die beiden ersten Systeme waren statisch. Mit dem dritten, dem des Satzes, kommt *Bewegung* in die Sprache. Dank dieser Bewegung *funktioniert* sie.

Aber was ist ein Satz? Wir beobachten als Erstes, dass er aus einer Abfolge von Wörtern besteht und dass diese Abfolge einen Sinn hat, der sich nicht nur aus der Bedeutung der einzelnen Wörter ergibt, sondern auch aus den Beziehungen, die der Satz zwischen ihnen herstellt. Wir beobachten zudem, dass diese Beziehungen nicht das Ergebnis des Zufalls oder einer plötzlicher Eingebung sind, sondern auf Konventionen beruhen.

Der Sinn des Satzes ist eine Synthese der Einbildungskraft wie der Sinn des Wortes, aber es handelt sich um eine andere Art von Synthese.

Weil der Satz aus der Verbindung von Wörtern besteht, die nach gewissen Regeln angeordnet sind, erweckt diese Synthese in uns nicht nur die Vorstellung eines Sachverhaltes. Wir wissen, dass wir andere Wörter auf dieselbe Weise oder dieselben Wörter auf andere Weise verbinden können, um etwas anderes auszusagen. Wenn ich einen Satz bilde, weiß ich, dass ich mich einer *ars combinatoria* bediene. Es ist dem Satz eigen, dass er verändert oder verwandelt werden kann.

Wir beobachten ferner, dass der Satz eine zeitliche Dimension hat. Ein *niedergeschriebener* Satz erweckt zwar den Anschein, der Zeit entrückt zu sein, aber um ihn zu verstehen, müssen wir ihn uns *vorsagen* und damit die Bewegung und die Dauer wieder einführen, die die Schrift scheinbar aufgehoben hatte. Seit jeher haben die Grammatiker und Linguisten versucht, das Funktionieren der Sprache aufgrund von bereits niedergeschriebenen Sätzen zu verstehen. Sie haben deren formale Eigenschaften (Satzteile, Wortfolge, Flexionen usw.) bestimmt. Weil sie sich an die schriftliche Fixierung hielten, entging ihnen aber, wie aus diesen Wortverbindungen *sinnträchtige Akte* entstehen.

Sie haben den Fehler begangen, den niedergeschriebenen Satz für eine ausreichende Wiedergabe des Satzes zu halten, den wir bilden, wenn wir etwas aussagen. Sie haben nicht beachtet, dass ich gewissermaßen *gehe*, wenn ich einen Satz ausspreche, dass ich *eines gewissen Schrittes vorangehe*, getragen von einer Intention, die ich durch die Anordnung der Wörter, durch Betonung und Pausen zum Ausdruck bringe. Sie haben nicht verstanden, dass der Satz eine *Geste* ist. Die Geste ist aber das Wesen des Satzes und somit auch das Wesen der Sprache, ihre Triebfeder.

Um sich dessen bewusst zu werden, ist es nützlich, andere Gesten zu beobachten, zum Beispiel die musikalische Geste. Ich entziffere eine Partitur, ich habe eine Abfolge von Noten vor mir, spiele sie zunächst eine nach der anderen und verbinde sie dann so, dass ein musikalisches Motiv entsteht. Ich verbinde sie durch eine Geste und verleihe ihnen dadurch einen Sinn: Ich *sage musikalisch etwas aus*. Durch eine ganz ähnliche Geste verbinde ich Wörter und bilde den Satz, mit dem ich jemandem etwas *sage*. Eine Reihe von Wörtern ergäbe keinen Satz, wenn sie nicht von einer solchen Geste getragen wäre. Die Geste ist keine Begleiterscheinung des Satzes, sie verleiht ihm seine Gestalt.

Warum hat man dies nicht wahrgenommen? In erster Linie weil man der Geste als solcher und der Rolle, die sie in unserem Leben spielt, keine Aufmerksamkeit geschenkt hat. Sie scheint uns etwas ganz Einfaches zu sein, ist aber in Wirklichkeit ein komplexes Phänomen. Sie wird von einer Absicht getragen und vollzieht sie. Wenn wir sie ausführen, geschieht ein Dreifaches: *Wir nehmen sie wahr, stellen sie uns vor und verstehen sie*. Es sind dies drei Aspekte desselben Geschehens. Wir besitzen zudem die Fähigkeit, sie nur innerlich auszuführen, was uns im Falle der Sprache ermöglicht, Sätze *innerlich* zu bilden und sie dabei zu verstehen. Daher unser Vermögen, mit uns selbst zu sprechen, aber auch die Sätze von anderen zu verstehen, indem wir sie in unserem Innern nachvollziehen. Dies tun wir auch beim Lesen: Wir erfassen den Sinn der Sätze, indem wir sie innerlich aussprechen. Anders könnten wir ihren Sinn gar nicht erfassen. Dies tun wir auch beim musikalischen Satz: Wir verstehen ihn, indem wir in unserem Innern die Geste ausführen, die ihm zugrunde liegt.

20. SCHRITTWECHSEL. Wir nehmen die Rolle der Geste wahr, wenn wir von einer Sprache in eine andere wechseln. Wenn ich sage »manger du poisson«, führe ich eine Geste aus, die dem Französischen eigen ist. Im Japanischen ist die Geste umgekehrt, ich sage »Fisch essen«: 魚お食べる – *sakana o taberu*. Im Deutschen gibt es Gesten und Gegengesten: Ich sage »Fisch essen«, »ich esse Fisch«, »ich habe Fisch gegessen«. Auch im Chinesischen variiert die Wortfolge, weil man in dieser Sprache das wichtigste Element hervorhebt, indem man es ans Satzende setzt. Darum sage ich »ich habe gegessen *Fisch*«: 我吃鱼了– *wo chi yu le*, wenn ich mitteilen will, was ich gegessen habe, sage aber »ich habe Fisch *gegessen*«: 我把鱼吃了– *wo ba yu chi le*, wenn ich zu verstehen gebe, dass ich den Fisch aufgegessen habe und er folglich nicht mehr da ist.

Der Wechsel von einer Geste zur anderen ist wie ein Schrittwechsel beim Tanz. Wenn wir uns eine neue Sprache aneignen, lernen wir Schritte, die von den unseren abweichen und uns manchmal vollkommen unbekannt sind, wie zum Beispiel das Setzen des wichtigsten Elementes am Satzende im Chinesischen. Verwirrend ist in dieser Sprache auch, dass sie uns vertraute Gesten nicht kennt, zum Beispiel die so elegante Frageform durch Umstellung (*ist das* Fisch?) oder die Subordination, die durch ein Relativpronomen angezeigt wird (der Fisch, *den* ich esse), eine Geste, die uns reibungslose Übergänge und vielfältige Verschachtelungen ermöglicht. Das Chinesische bringt die Subordination mit einer anderen Geste zum Ausdruck: Das untergeordnete Element wird dem übergeordneten Element vorangestellt: »Der Fisch, den ich esse« wird zu »Ich esse den Fisch«: 我吃的鱼– *wo chide yu*. In dieser Sprache ist das die einzige Form der Subordination. Daraus resultiert eine gewisse Steifheit, die sie mit anderen Mitteln wettmacht.[18]

21. DIE ENTSTEHUNG DES SATZES. Woher aber kommen diese sinnträchtigen Gesten, die den Satz hervorbringen? Auf diese Frage antworte ich mit einer Hypothese.

Ich denke, dass sie aus dem Spiel hervorgegangen sind, das heißt aus der Fähigkeit des Menschen, zu zweit oder zu mehreren aus reinem Vergnügen zu interagieren und in dieser zweckfreien Aktivität feste Regeln und Bezugspunkte zu setzen. Er tut dies, wenn er merkt, dass ihm das erlaubt, länger zu spielen oder dasselbe Spiel später wieder zu spielen. In seinem *Homo ludens* hat Huizinga als Erster die Auffassung vertreten, dass diese Fähigkeit zum Wesen des Menschen gehört und sehr wohl die Quelle aller menschlichen Konventionen sein könnte, und somit die Quelle aller Kultur.[19]

Ich sehe eine Bestätigung dieser Auffassung in der Art und Weise, wie die Kinder sprechen lernen. Sie entdecken die Wörter und beginnen, die Dinge zu benennen. Dann reihen sie Worte aneinander oder sprechen kurze Sätze nach, die sie gehört haben. Den entscheidenden Schritt tun sie, wenn sie selber beginnen, Sätze zu bilden. Und dies tun sie durch die Sprachspiele, zum Beispiel das Sprachspiel von Frage und Antwort. Der Erwachsene stellt eine Frage, das Kind merkt, dass etwas von ihm erwartet wird und es etwas tun soll. Es erfasst die *Geste* der Frage, die eine Spannung erzeugt, und findet die *Geste* der Antwort, die die Spannung löst. Es erfasst zugleich die Anordnung der Wörter, die mit beiden Gesten einhergeht. »Was machst du da?« – »Ich male.« – »Ist das eine Katze?« – »Ja, das ist eine Katze.« Dann kommen weitere Frageformen: Dies oder das? Wer? Warum? Wie? usw. Es folgen andere Sprachspiele: verneinen und bejahen, entgegnen, vermuten, erklären, folgern, erzählen, beschreiben, Aufzählung, Rätsel,

Reim usw. In diesen Sprachspielen entstehen die Gesten, aus denen das Leben der Sprache besteht und, in diesen eingebettet, die grammatischen Formen.

Die Sprachspiele sind universal, und daher sind alle Sprachen miteinander verwandt. Die gleichen Sprachspiele haben aber in verschiedenen Sprachen zu verschiedenen Gesten und grammatischen Formen geführt. So drücken wir zum Beispiel die Frage durch die Umstellung der Wörter aus (*möchtest du* Fisch?), während die Chinesen und die Japaner eine Partikel an das Satzende anfügen: *ma* 吗 auf Chinesisch, *ka* か auf Japanisch – 你吃鱼吗? *ni chi yu ma?* – 魚お食べるか? *sakana o taberu ka*? Das Chinesische kann die Frage auch durch eine Alternative ausdrücken: »Du möchtest/möchtest nicht Fisch?« 你吃不吃鱼*ni chi bu chi yu*? Wir verstehen das, weil wir wissen, was es bedeutet, jemanden vor eine Wahl zu stellen. Im Großen und Ganzen liegt die Schwierigkeit beim Übergang von einer Sprache zu einer anderen nicht an der Verschiedenheit der Satzformen, sondern an der des Wortschatzes.

22. EXKURS: DER CHINESISCHE SATZ. Dass der Satz eine Geste ist, lässt sich im Chinesischen besser veranschaulichen als in jeder anderen Sprache. Ich halte mich hier kurz auf, um dem Leser, den dies interessiert, zu zeigen, *wie der Satz entsteht*.

Shan 山 bedeutet »Berg«. Damit Du, verehrter Leser, die Entstehung des Satzes ganz konkret erfährst, bitte ich Dich, das Wort laut auszusprechen, so wie es von den Chinesen ausgesprochen wird. Dazu müssen die Töne des Chinesischen beachtet werden. *Shan* wird im ersten Ton ausgesprochen, um etwa zwei Töne höher als die mittlere Stimmlage. Dieser Ton ist eben und wird gehalten, ähnlich dem Ton eines Musikinstrumentes. *Gao* 高 bedeutet »hoch«. Diese Silbe ist kurz, sie besteht aus einem offenen *a* und einem kaum wahrnehmbaren *o*, und wird ebenfalls im ersten Ton ausgesprochen.

Sprich nun diese beiden Wörter nacheinander aus, in der richtigen Tonhöhe, und verbinde sie dann mit einer Geste, um ihrer Verbindung einen Sinn zu verleihen: Mit *shan* zeigst Du zunächst an, worüber Du etwas zu sagen hast, mit *gao* sprichst Du alsdann aus, was Du sagen willst. Du verbindest die beide Wörter durch eine sinngebende Geste und bildest damit den Satz *shan gao* 山高, »der Berg ist hoch«. Die Linguisten erklären, *shan* sei das »Thema« und *gao* die »Aussage«. Sie übersehen, dass es einer Geste bedarf, um beides zu verbinden und einen Satz hervorzubringen. Durch sie bildest Du den Satz, durch sie verstehst Du ihn. Es ist die Geste, die wir durch den Doppelpunkt ausdrücken, weshalb wir unseren chinesischen Satz folgendermaßen wiedergeben könnten: *shan: gao*, »der Berg: hoch.« Es ist die Geste, die in der

Tagespresse Schlagzeilen und Untertitel vereint: »Neueste Brandstiftungen: Feuerteufel noch immer auf freiem Fuß« – erst, worüber man spricht; dann, was man darüber sagt.

Kehre nun, werter Leser, die Reihenfolge der beiden Wörter um und sprich sie im hohen und ebenen ersten Ton laut aus: *gao shan* 高山. In dieser Verbindung bedeuten sie »ein hoher Berg«. Sie sind durch eine andere Geste verbunden – durch eine kürzere, bündigere. Dadurch, dass Du *gao* vorangestellt hast, hast Du es untergeordnet. Du hast es zu einer näheren Bestimmung von *shan* gemacht. Im Chinesischen kommt das Bestimmende immer vor dem Bestimmten. Dies ist eine Regel – und eine Geste.

Du würdest Dir diese beiden Gesten sehr schnell zu eigen machen, wenn wir die Sprachspiele spielen könnten, zu denen sie gehören und aus denen sie entstanden sind. *Shan gao ma?* 山高吗?, würde ich Dich fragen: »Ist der Berg hoch?« Und Du würdest mir (immer im ersten Ton) antworten: *gao* 高 »er ist hoch« oder *bu gao* 不高 »er ist nicht hoch« (die Negation *bu* und die Fragepartikel *ma* sind nicht betont). So antwortet man im Chinesischen auf eine solche Frage, nicht mit »ja« oder »nein«. Ich könnte Dir die Frage auch so stellen: *shan gao bu gao?* 山高不高? (*gao bu gao* als ein Wort zu sprechen, mit Betonung des ersten *gao*). Deine Antworten wären die gleichen. In wenigen Minuten wäre das Sprachspiel eingeübt und völlig natürlich geworden, und schon wärst Du ins Eigentliche der chinesischen Sprache eingedrungen. Schon hättest Du von ihr eine beschränkte, aber wahre Kenntnis gewonnen. Du hättest die Frucht gekostet. Vor allem aber hättest Du diesem unscheinbaren und meist unbeachteten Ereignis beigewohnt: der Entstehung der sinngebenden Geste und somit der Entstehung des Satzes.

Die chinesischen Wörter sind einsilbig und unveränderlich. Ein Großteil des heutigen Wortschatzes besteht zwar aus zusammengesetzten Wörtern, aber sie bestehen immer aus zwei oder mehreren einsilbigen. Ob zusammengesetzt oder nicht, immer gleichen sie Reihen von Glasperlen gleicher Größe. Ob Nomen, Verb, Adverb usw., nichts unterscheidet sie in ihrer Form. *Shan* ist ein Nomen, *gao* ein Verb, »hoch sein«. Vor *shan* gestellt scheint es ein Adjektiv geworden zu sein, aber nur die *Stellung* des Wortes hat sich verändert: Durch Voranstellung hat es eine bestimmende Funktion übernommen. Die Anordnung der Wörter zeigt an, durch welche Gesten wir sie zu verbinden haben, damit der gemeinte Satz entsteht. Im Falle von *shan gao* könnten wir von der Geste Thema/Aussage sprechen, im Falle von *gao shan* von der Geste Bestimmendes/Bestimmtes. Ich könnte zeigen, dass alle Sätze, die man im Chinesischen bildet, aus fünf oder sechs Gesten und ihren Kombinationen hervorgehen. Ich würde zeigen, dass diese Gesten alle einer Grundregel folgen, wonach die Hauptsache immer nachgestellt wird. In dieser Sprache ist die Wortfolge im Wesentlichen nicht frei. Die daraus resultierende Steifheit wird durch einen sehr freien Gebrauch der Geste Thema/Aussage wettgemacht.

Werfen wir zum Schluss dieses kleinen Exkurses noch einen Blick auf die bewundernswerte Ökonomie des Chinesischen: Es gibt kein Verb »sein« (im Fall eines Satzes wie *shan gao* wenigstens), keine Adjektive, keine Artikel. Es gibt weder Genus noch Numerus (*shan gao* kann auch »*die Berge* sind hoch« bedeuten), auch keine Tempora (*shan gao* kann ebenso gut »die Berge *waren hoch*« oder »die Berge *werden hoch sein*« bedeuten). Das Chinesische besitzt die Mittel, die nötig sind, um sich genauer auszudrücken, tut dies aber nur, wo es erforderlich ist, durch Einschub eines oder mehrerer dazu dienlicher Wörter. Die Stärke des chinesischen Satzes beruht darauf, dass er sich wenn immer möglich an die Gesten und eine Mindestzahl von Wörtern hält, die durch ihre Anordnung die Gesten nahelegen.[20]

23. EXKURS: DER ABENDLÄNDISCHE SATZ. Der chinesische Satz lässt eine besondere Eigenschaft der abendländischen Sprachen hervortreten und zeigt, welchen anderen Weg sie in ihrer Entwicklung eingeschlagen haben.

Um uns vorzustellen zu können, wie diese Entwicklung eingesetzt hat, gehen wir nochmals von der wahrscheinlichen Erfindung der Sprache aus – vom Spiel. Nachdem die ersten Regeln und Bezugspunkte festgelegt wurden und die Sprache entstanden war, stellte es eine Versuchung dar, ihre Formen auszudifferenzieren und die Konventionen und Regeln zu vermehren. Erfinderische Köpfe haben sich damit beschäftigt, aus Lust am Spiel. Sie haben entdeckt, dass sie mit den Lauten, die ihnen zur Verfügung standen, die Form der Wörter variieren oder erweitern konnten und die Möglichkeit hatten, verschiedene Wortarten durch besondere Merkmale kenntlich zu machen. Es wurde ihnen gewahr, dass sie mit dieser sekundären Ausarbeitung der Sprache eine erstaunliche Kohärenz und Präzision verleihen konnten.

Dabei verloren sie aus den Augen, dass die Formen der Sprache ihren Sinn erst durch den Satz erhalten und dass der Satz eine Geste ist. Sie bildeten sich ein, dass diese Formen und ihre Kombinationen an sich schon bedeutungsträchtig seien. Dies ist zumindest die Illusion, der die Grammatiker erliegen, seit es Grammatiker gibt. Sie haben Satzteile unterschieden, Konjugationen und Deklinationen verzeichnet, Satzbauregeln formuliert – stets in dem Glauben, dass dieser Apparat an sich schon sinnträchtig sei. Sie haben den Satz als eine rationale Konstruktion aufgefasst, der sich logisch aus bedeutungstragenden Teilen zusammensetzt. Das Grundphänomen der Geste und des *Satzes als Geste* ist ihnen entgangen.

Daher ist das Chinesische von besonderem Interesse für alle, die mit der Grammatik der indoeuropäischen Sprachen vertraut sind: Es ist eine große Kultursprache, die der Geste des Satzes treu geblieben ist. Diese Eigenschaft tritt weniger in der heutigen, zum Teil künstlichen Schriftsprache zutage als vielmehr in der gesprochenen Sprache, die viel lebhafter und gedrängter ist. Am deutlichsten ist sie in der klassischen Sprache, die jeder studieren sollte, der das Chinesische *empfinden* und den besonderen Charakter dieser Sprache begreifen will. Es ist oft behauptet worden, das klassische Chinesisch habe keine Grammatik. Es mochte so scheinen. Es besitzt eine unsichtbare, aber mächtige innere Ordnung, *die auf der Geste beruht.*

Die abendländischen Grammatiker und Linguisten haben die Geste verkannt, weil ihre eigenen Sprachen stark formalisiert waren, aber auch, weil sie diese Sprachen *kannten* und die Sätze *verstanden*, die sie analysierten, weshalb sie sich nicht gefragt haben, *wie* sie zum Verstehen gelangten. Sie haben nicht gesehen, dass sie sie durch die Gesten verstanden.

Ich habe lange Chinesisch für Anfänger unterrichtet und bin dadurch auf die *Anfänge der Sprache* aufmerksam geworden. Ich habe bemerkt, dass die Geste am Anfang steht und dies unzählige Male von Neuem beobachtet. Die Studierenden begannen, in das Chinesische einzudringen, als sie anfingen, eine französische Geste durch eine chinesische zu ersetzen. Keine vorangehende Erklärung konnte ihnen die neue Geste im Voraus verständlich machen. Sie mussten in die Lage versetzt werden, sie auszuführen, um zu verstehen, worin sie bestand, und das beste wenn nicht das einzige Mittel war, ein Sprachspiel mit ihnen zu spielen: *shan gao ma* ? – *gao*. Die Erklärung konnte erst im Nachhinein erfolgen. So verhält es sich auch mit unserer Muttersprache: Als uns ein Lehrer zum ersten Mal erklärte, dass unsere Sätze aus einem Subjekt und einem Prädikat bestehen, haben wir sofort gesehen, was er meinte, weil es sich um Sätze handelte, *die wir verstanden*, und wir verstanden sie, weil wir uns auf diese Weise ausdrückten.

24. DAS WUNDER DES GESPROCHENEN WORTES. Unsere erste Schwierigkeit lag an der Komplexität der Sprache. Kommen wir nun zur zweiten: Wie können wir beobachten, was in uns vor sich geht, während wir sprechen?

Was tun wir in solchen Momenten? Wir setzen die Systeme der Laute, der Wörter und der Sätze in Bewegung. Wir lassen uns von der Folge unserer Gesten und von der Intention tragen, die sie leitet. Gleichzeitig stellen wir uns die *Dinge* vor, die unserer Sprache entsprechen, und die *Welt*, die sie zusammen bilden. Wir folgen in unseren Überlegungen den Beziehungen, die diese Dinge in dieser Welt unter sich eingehen, aber es ist der *Körper*, der denkt und unsere Rede lenkt – und gleichzeitig die Reaktionen der anderen in sich nachbildet, um sie zu verstehen und wiederum auf sie zu reagieren. Dabei koordiniert er ein halbes Dutzend Organe, um die notwendigen Laute hervorzubringen, sie miteinander zu verbinden und fortlaufend ihre Qualität zu überwachen. Dieses Zusammenwirken ist nicht naturgegeben, sondern das Ergebnis eines Lernprozesses, das heißt einer Integrierungsarbeit, die wir in unserer Kindheit geleistet haben. Das daraus resultierende Phänomen ist derart komplex, dass es beinahe unmöglich ist, es in allen seinen Komponenten zugleich zu erfassen, zumal wir uns zwar bei den Wörtern aufhalten können, um ihre Form und ihre Bedeutung zu betrachten, nicht aber bei den Sätzen, die aus einer Bewegung bestehen und die wir nur verstehen, wenn wir sie ausführen. Aber wenn wir dieses Gesamtphänomen abwechselnd von verschiedenen Seiten angehen, können wir es allmählich besser erfassen und zuweilen kurz *ersehen*, worin die Sprache als Aktivität in Wirklichkeit besteht.

Um dies zu *ersehen*, können wir auch aus der Sprache heraustreten und wieder in sie eintreten. Dazu genügt es, Leuten beim Sprechen zuzuhören, ohne sich darum zu kümmern, was sie sagen, und dann wieder zum gewöhnlichen Zuhören zurückzukehren. Für einige Augenblicke gleicht ihr Gerede dem Gezwitscher von Vögeln. In seinen *Erinnerungen von jenseits des Grabes* erzählt Chateaubriand, wie ihm einmal während seiner Amerikareise das Zwitschern der Vögel plötzlich als Überrest einer verschollenen Sprache vorgekommen ist: »Ganze Völker des Orinoco sind untergegangen. Von ihren Dialekten bleiben ein Dutzend Wörter übrig, die von wieder in Freiheit lebenden Papageien hoch oben in den Bäumen nachgesprochen werden, so wie Agrippinas Drossel auf den Geländern von Roms Palästen griechische Wörter nachschwatzte.«[21] Die Drossel und die Papageien ahmen die Menschensprache nach, ohne zu ahnen, dass ihnen dabei etwas entgeht: *der Sinn, den ihr die Menschen verleihen*. Wenn Leute in meiner Nähe reden, begnüge ich mich manchmal damit, auf die Musik ihrer Sprache zu hören. Ich tue das auch, wenn sie eine mir unbekannte Sprache sprechen. Dies passiert mir im Café, in das ich mich zur Zeit jeden Morgen setze. Es gehörte zuerst Portugiesen und wird nun von Türken betrieben. Manchmal höre ich dem Geplauder von zwei Kellnerinnen zu. Ich verstehe kein Wort, aber ihr Ton ist mir vertraut geworden. Ich höre mit Vergnügen hin, weil sie heiter sind und schöne Stimmen haben, aber mehr noch, weil ich, anders als die Papageien des Orinoco und die Drossel der Agrippina, weiß, was die beiden tun: Sie sprechen über Leute und Dinge, die sie kennen und sich beim Sprechen vergegenwärtigen. Sie teilen einander mit, was sie dazu meinen, erwägen Möglichkeiten und ziehen Folgen in Betracht. Dank der

Sprache bewegen sie sich in einer geordneten und logischen Welt, *die für sie wirklich ist, während sie für mich nicht existiert.*

Drossel und Papageien halten die Menschensprache für ein Gezwitscher wie das ihre. Sie ahnen nicht, dass sie dem Menschen eine außerordentliche Macht verleiht, und noch weniger, dass sie sowohl sein Glück als sein Verderben bedeutet: Sie erlaubt ihm, *Dinge* zu schaffen, *Welten* zu erfinden und sie mit seinen Mitmenschen zu teilen, aber verleitet ihn zugleich, diese *Dinge* und *Welten* für die Wirklichkeit selbst zu halten und sich darin zu verschließen. Sein besonderes Gezwitscher befähigt ihn, sich mit Seinesgleichen zu verstehen und mit ihnen gemeinsam zu handeln, verleitet ihn aber auch dazu, sich selbst zu verblenden und die anderen irrezuführen. Platon hat gesagt, die Philosophie habe ihren Anfang im Staunen über das, *was ist*. Sie sollte ihn noch viel mehr im Staunen über die Sprache haben, über den bald erfreulichen, bald unheilvollen und allgemein so unterschiedlichen Gebrauch, den wir von ihr machen, und über die Folgen, die das hat. Ich selbst staune immer mehr darüber.[22]

25. DAS NACHDENKEN. Sehen wir nun, wozu uns die Sprache befähigt und welchen Gebrauch wir von ihr machen.

Sie ermöglicht das Nachdenken. Sie tut es, weil eine flüchtige Synthese der Einbildungskraft dauerhaft wird, wenn sie sich mit einem Wort verbindet und wir sie uns durch das Wort wieder vergegenwärtigen können. Dank der Wörter und der Sätze können wir Gedanken wiederaufnehmen, die wir schon gedacht haben, und sie weiter entwickeln, bezweifeln, verbessern oder verwerfen. Die Schrift liefert eine zusätzliche Stütze. Was Du hier liest, werter Leser, hätte nie Form angenommen, wenn ich nicht Ideen, die mir einfielen, aufgeschrieben hätte, wenn ich sie nicht mit der Zeit genauer formuliert oder umformuliert, wenn ich sie nicht aufeinander bezogen und geordnet hätte. Jedes Mal erlaubten mir die Wörter und Sätze, auf die ich zurückgriff, mich wieder an die Arbeit zu setzen oder, besser gesagt, das Denken dort wieder einsetzen zu lassen, wo es Halt gemacht hatte. Oft stellte ich dabei fest, dass es ohne mein Wissen vorangekommen war. Diese Skizzen sind das Ergebnis einer langen Geschichte – und dennoch sind es Skizzen. Erstaunlicherweise erlaubt uns die Sprache auch, uns in das Denken der anderen zu versetzen und es für uns selbst fortzuführen.

26. SAGEN. Die Sprache befähigt uns zu *sagen* – nicht nur jemandem etwas mitzuteilen, sondern, im starken Sinne des Wortes: *die Sache zu sagen*. Sie gibt uns die Macht, auszusprechen, was ausgesprochen werden muss und ausgesprochen eine Wende herbeiführt. Eine Empfindung, eine Vorstellung, ein Gedanke, ein Argument bildet sich in

mir durch einen Prozess der Integration, den ich nicht beherrsche, und führt zu diesem Sagen. Dieser Prozess kann blitzhaft geschehen und mich selbst so sehr überraschen wie mein Gegenüber. »Jäh kommt es, das Wort, und ist ein bebender Gott«, sagte Apollinaire.[23] Wenn es geschieht, hat dieses Sagen den Charakter des Neuen, sowohl für mich wie auch für den anderen. Es ist *wahr*, weil es der Person als Ganzem entspringt.

Der Prozess kann auch langsamer vonstattengehen. In einem Gespräch halte ich inne, weil ich spüre, dass eine Idee sich ihren Weg bahnt und ich darauf warte, dass sie heranreift und *gesagt* werden kann. Ein solches Heranreifen kann Stunden, Tage, Monate, Jahre dauern. Ich kann lange in dem Gefühl leben, dass etwas gesagt sein will, ohne zu wissen, worum es sich handelt, und der Augenblick, da die Worte sich bilden und mir endlich mitteilen, was ich empfand, kann eine Erlösung sein.

Oft müssen wir kämpfen, um *sagen* zu können. Ich sehe dies täglich, wenn ich mich wieder an diese Arbeit setze. Zunächst fallen mir Ausdrücke und ganze Sätze ein, die ich schon verwendet habe. Ich stelle fest, dass sie das Gemeinte nicht genau oder gar nicht wiedergeben, und versuche es mit anderen Worten, anderen Wendungen, die die Sache auch nicht treffen – bis mir klar wird, dass ich der Sackgasse nur entkommen kann, wenn ich von der Sprache ablasse, einen Schritt zurücktrete und an die Sache denke, bis sich der richtige Ausdruck findet. Ich muss innehalten, anstatt mich zu beeilen, und einen Integrierungsprozess wieder einsetzen lassen, dessen Verlauf ich nicht bestimmen kann. Reden hilft nicht, hätte La Fontaine gesagt: Halte inne und warte ab. Oder: Reden hilft nicht, sagen muss man.[24]

Den Beweis, dass es der *Körper* ist, der denkt, sehe ich im tiefen Wohlempfinden, das sich in mir einstellt, wenn sich der richtige Ausdruck schließlich aufdrängt. In solchen Momenten fühle ich mich leicht und heiter, nichts fehlt meinem Glück. Ich leide hingegen, wenn der Prozess stockt. Es überkommt mich dann die Befürchtung, dass ich der Schwierigkeit nicht gewachsen sein könnte und möglicherweise völlig scheitern werde. Dies ist es, was das Denken zuweilen so schwierig, ja für gewisse Leute unausstehlich macht: Weil es das Entstehen von Neuem ist, schreitet es notwendigerweise im Dunkeln voran.

Wenn der Prozess aber in Gang gekommen ist, bricht er nicht mehr ab. Es ist ein Gesetz unserer Aktivität, dass ein Integrierungsprozess dazu tendiert, sich fortzusetzen. Er wird von Kräften vorangetrieben, die begonnen haben, sich zu einen, und die sich noch mehr einen wollen, und er manifestiert sich in uns als ein Drang – zu seiner Vollendung. Ein Beispiel sind die Glockentürme von Martinville, die dem jungen Marcel Proust bei der Spazierfahrt in der Kutsche so sehr auffallen und die er unbedingt in Worte fassen will.[25] *Auf der Suche nach der verlorenen Zeit* ist als Ganzes ein großer Integrierungsprozess, der Proust am Ende befähigt zu sagen, was war, und dadurch das Erlebte zu wahren.

Manchmal kann dieser Reifeprozess nicht zu Ende geführt werden, weil die Worte fehlen. Drang und Ohnmacht führen dann zur Melancholie. Sie ist oft das Los der Denker, wie schon Aristoteles bemerkte[26], aber wir kennen sie alle. Sie kann zu einem schweren Leiden werden, ja zu einem unerträglichen. Die Person schützt sich dann dadurch, dass sie ihre Aktivität herabsetzt, was sie schwächt und lebensunfähig macht: Darin besteht die Depression. Wenn die Person im Gegenteil heftig reagiert und versucht, sich durch Gewalt von ihrem Leiden zu befreien, wird sie für sich selbst und manchmal auch für die anderen zerstörerisch. Die Fähigkeit zu *sagen* ist dem Menschen lebensnotwendig.

27. REDEN. Ich unterscheide zwischen *Sagen* und *Reden*. Mit Reden meine ich nicht das Reden zu anderen oder mit anderen, sondern das Reden, das nichts besagt[27] oder vergeblich versucht, etwas auszusagen, oder im Gegenteil dazu dient, das Sagen der Sache zu umgehen oder es bei anderen zu verhindern.

In meiner Arbeit begegne ich täglich der Versuchung des bloßen Redens. Ich erliege ihr zunächst bei fast jedem Schritt. Ich setze die Sprache in Gang, damit sie für mich denkt und spricht, bemerke aber bald, dass mich das in die Irre leitet und ich mir das Denken nicht ersparen kann. Dieser Ablauf wiederholt sich so oft, dass ich mich frage, ob er nicht einer Notwendigkeit entspricht.

Wenn ich bloß *rede*, ob zu mir selbst oder zu anderen, liegt der Schwerpunkt meiner Aktivität im Sprechen. Ich ignoriere die Aktivität des *Körpers* oder bemühe mich, sie in Schach zu halten, damit sie mir nicht in die Quere kommt. Zuweilen tut sie dies trotzdem. Sie bricht zum Beispiel in Gestalt eines Lapsus oder eines ungewollten Geständnisses plötzlich durch. Wenn ich *rede*, stelle ich mir die *Dinge* und die *Welt* so vor, wie es meine Sprache will. Ich stelle sie mir *ungefähr* vor. Ich verlasse mich auf die Sprache. Meistens genügt das. Ich wäre weniger zuversichtlich, wenn ich mir die Sache genauer ansähe. Es würde mir bewusst, was Lichtenberg genau gesehen hat: »Es gibt für jeden Grad des Wissens gangbare Sätze, von denen man nicht merkt, dass sie über dem Unbegreiflichen, ohne weitere Unterstützung, auf bloßem Glauben schweben.«[28]

28. GLAUBEN. Die Sprache gewöhnt uns das *Glauben* an. Alle menschenmöglichen Glauben gehen auf dieses eine *Glauben* zurück. Alle Ideen, Lehren, Philosophien, Ideologien, denen wir Glauben schenken, sind aus der Sprache geboren. Die

Religionen nicht weniger, denn was wären Gott und die Götter ohne die Wörter, mit denen wir sie bezeichnen? Sie sind es selbst dann, wenn sie auf Riten beruhen, denn was wären die Riten, wenn es nicht die Wörter gäbe, mit denen wir ihre Bedeutung erklären? Paul Valéry wies darauf hin: »Eines der Wunder dieser Welt, und vielleicht das Wunder schlechthin – ist die Fähigkeit der Menschen zu sagen, was sie nicht verstehen, als verstünden sie es, und zu glauben, dass sie es denken, wo sie doch nichts anderes tun, als es sich einzureden.«[29]

Es kommt nicht selten vor, dass jemand beim Reden plötzlich an der Stichhaltigkeit seiner Rede zweifelt und fürchtet, man könne seinen Zweifel bemerken. Er hilft sich dann durch den Ernst: durch Gebaren, Mienenspiel, Tonfall gibt er mir zu verstehen, dass er keine Widerrede duldet, zumindest nicht in Grundfragen. Er besteht darauf, dass die Dinge so sind, wie es die Sprache will, die er zu mir spricht. Er zwingt mich dadurch auch, die Sprache über die Aktivität des *Körpers* zu stellen. Für mich wie für ihn sollen allein die Sprache und ihre vermeintlichen Wahrheiten gelten.

Wer so redet, wird sich selbst und der Wirklichkeit fremd. Montaigne hat diese Diskrepanz, welcher der Mensch so leicht unterliegt, genau gesehen, aber er hat sie der Einbildungskraft und dem Denken zugeschrieben: »Von allen Tieren hat einzig der Mensch diese Freiheit der Einbildungskraft und des irrenden Denkens, wodurch er sich vorstellt, was ist und was nicht ist, und was er will, das Falsche und das Wahre. Dieser Vorteil kommt ihn teuer zu stehen und er kann sich seiner kaum rühmen, denn aus ihm gehen die meisten Übel hervor, die ihn plagen: Sünde, Krankheit, Unentschlossenheit, Verwirrung, Verzweiflung.«[30] Montaigne hätte uns wohl zugestimmt: Wenn es die Sprache nicht gäbe, gäbe es auch die Freiheit der Einbildungskraft und des irrenden Denkens nicht.

29. DIE GLAUBENSKONFLIKTE. Die Sprache führt zu Konflikten zwischen den verschiedenen Glauben. Um uns zu verständigen, brauchen wir feste grammatische Regeln, wie zum Beispiel die des Schachspiels, und müssen zudem denselben Wörtern dieselbe Bedeutung geben. Da diese Bedeutungen aber aus Synthesen der Einbildungskraft entstehen, die jeder aufgrund seiner persönlichen Erfahrungen bildet, ist diese zweite Grundlage der Sprache weniger verlässlich als die der Regeln. Oft rühren Missverständnisse daher, dass ein Wort für beide Seiten nicht den gleichen Sinn hat, ob es sich nun um Personen, Gemeinschaften oder ganze Gesellschaften handelt. Unüberwindlich werden diese Konflikte durch die (allerdings natürliche) Überzeugung der beiden Seiten, dass die Dinge objektiv so sind, wie sie es sich beim Sprechen denken. So stößt jeder beim anderen auf taube Ohren, was oft zur Anwendung von Gewalt

führt. Diese objektivierende Illusion kann man nur durch kritisches Denken überwinden – durch die Analyse der Bedeutung, die jede Seite ein und demselben Wort verleiht. Ist diese Besinnung über die Bedeutung der Wörter unmöglich, dann ist das Übel unüberwindbar.

Ein anderes Übel entsteht, wenn mir von einer politischen Macht, einer Gemeinschaft oder meiner Erziehung eine Sprache aufgezwungen wird, die mich daran hindert, von meinen eigenen Erfahrungen auszugehen und sie getreu wiederzugeben. Die mir vorgeschriebene Sprache verwehrt mir den Zugang zu mir selbst, zum Unbekannten in mir und zu meinem Vermögen, daraus Neues hervorkommen zu lassen. Sie verurteilt mich zur Ohnmacht. Die Folgen sind Melancholie, dann Depression, ja Wahnsinn und Gewalt. Die totalitären Regime haben sich der Sprachregulierung bedient, um den Menschen um die Macht des Wortes zu bringen. Doch wo sich die Gelegenheit bot, hat sie eben diese Macht zu Fall gebracht.

30. DAS GESETZ DER INTEGRIERUNG. Man kann die menschliche Geschichte unmöglich verstehen, wenn man nicht die Rolle sieht, welche die Sprache in ihr spielt. Und man versteht die Sprache nicht, wenn man sie nicht als eine Aktivität betrachtet, die den allgemeinen Gesetzen unserer Aktivität folgt, allen voran dem Gesetz der Integrierung. Die Fähigkeit, Laute zu erzeugen, ist das

Resultat einer ersten Integrierungsarbeit. Die Bedeutung eines Wortes ist eine Synthese von Elementen der Erfahrung. Der Satz entsteht aus einer anderen Art der Integrierung. Die höchste Form der Integrierung erreichen wir im *Sagen*, das ein Akt der ganzen Person ist.

Das Subjekt und die Subjektivität bilden sich ganz durch Integrierung. Das Bewusstsein ist ein Teil meiner Aktivität, der sich so eint und verdichtet, dass er sich selber wahrnimmt – auf schwächere oder stärkere Weise, manchmal mit blendender Kraft.

Wir beobachten dieses Gesetz in der Gesamtheit unserer Aktivität. Als ich lernte, Wasser in ein Glas zu gießen, habe ich eine Integrierungsarbeit geleistet und eine Potenz erworben. Meine Potenz als Person ergibt sich aus der Gesamtheit der Potenzen, die ich mir in unzähligen Lernprozessen erworben habe.

Das Subjekt entsteht auch auf andere Weise. Während der ersten zehn bis zwanzig Lebensjahre entwickelt jeder von uns eine Persönlichkeit, die den Anforderungen des praktischen Lebens und des Miteinanders in Familie und Gesellschaft genügt. Manche geben sich mit dieser ersten Integrierungsarbeit zufrieden. Andere wollen oder können dies nicht. Sie empfinden das Bedürfnis, *allen* ihren Kräften gerecht zu werden, auch denen, die ausgeschlossen wurden, und so unternehmen sie eine zweite Integrierungsarbeit, die zu einer *wahren* Persönlichkeit führt – wahr, weil sie die Synthese all dessen ist, was ihnen eigen ist.

Das Gesetz der Integrierung manifestiert sich auch im intellektuellen Bereich. Der Übergang vom Nichtverstehen zum Verstehen ereignet sich, wenn in mir verschiedenartige Elemente, die miteinander in Beziehung zu stehen scheinen, deren Beziehungen aber nicht an den Tag treten, sich plötzlich zusammenschließen und für mich ein kohärentes Ganzes bilden.

Der Begriff der Integrierung bringt uns also in der philosophischen Erkenntnis des Subjektes voran, die das Anliegen der Aufklärung war und zuallererst von Spinoza angestrebt wurde. Wie er es in einer seiner ersten Schriften, der unvollendet gebliebenen *Abhandlung über die Verbesserung des Verstandes* schrieb, nahm er sich vor, »1. unsere Natur, die wir zu vervollkommnen suchen, genau zu erkennen, und zugleich von der Natur der Dinge so viel wie nötig, 2. dadurch ihre Unterschiede, Übereinstimmungen und Gegensätze genau zu erfassen, 3. somit richtig zu erkennen, was sie erleiden können und was nicht, und 4. (die so erkannte Natur der Dinge) mit der Natur und Macht des Menschen zu vergleichen. Daraus wird von selbst die höchste Vollkommenheit ersichtlich werden, die der Mensch erlangen kann.«[31]

31. DAS SUBJEKT. Trotz des Einflusses, den Spinoza ausgeübt hat, und vielleicht infolge eben dieses Ein-

flusses, ist diese Erkenntnis nach ihm nicht weiterentwickelt worden. Durch die Veröffentlichung seines *Tractatus theologico-politicus* im Jahre 1670 löste er ein wahres Erdbeben aus, weil er die Offenbarungsreligionen und die in ihrem Namen ausgeübte Macht offen angriff. Die dadurch in ganz Europa ausgelösten und über ein Jahrhundert andauernden Polemiken drehten sich um die Frage der Religion und ihrer Rolle bei der Aufrechterhaltung der gesellschaftlichen Ordnung. Daran hat die 1677 kurz nach seinem Tod erschienene *Ethik* nichts geändert. Das Werk war zu schwer verständlich. Der Idee von Gesetzen der Aktivität (die er anders formulierte) wurde keine Aufmerksamkeit zuteil. Die Aufklärung hatte andere Prioritäten.

»Unsere Natur, die wir zu vervollkommnen suchen, genau erkennen«, sagte er. Er betrachtete dieses Begehren als dem Menschen angeboren und hat diese Auffassung in seiner *Ethik* systematisch ausgeführt. Ich übernehme sie und formuliere sie aufgrund der hier verzeichneten Beobachtungen folgendermaßen:

1. Das Subjekt bildet sich durch Integrierung der Aktivität, anders gesagt durch eine Vervollkommnung.

2. Indem es sich vervollkommnet, schreitet das Subjekt in der Kenntnis der Gesetze seiner Aktivität voran, und dadurch in der Erkenntnis seiner selbst. Umgekehrt fördert diese Erkenntnis seine Vervollkommnung.

3. Das Subjekt ist in dem Maße frei, als es mehr aus eigener Notwendigkeit handelt als aus einer von außen auferlegten. Je weiter es in der Integrierung seiner Aktivität, und damit in ihrer Vervollkommnung, voranschreitet, desto mehr handelt es aus einer ihm eigenen Notwendigkeit und desto freier ist es.

4. Es ist sein wesentliches Bedürfnis und gleichzeitig sein wesentliches Begehren, mehr Vollkommenheit, mehr notwendiges Handeln und dadurch mehr Freiheit zu erlangen.

Diese vier Sätze enthalten die notwendige und hinreichende Erkenntnis vom Subjekt. Sie werden wahrscheinlich nicht jedem sofort einleuchten. Dies liegt daran, dass jeder sie sich selbst durch Beobachtung und Denken zu eigen machen muss – so er das Begehren oder das Bedürfnis dazu empfindet.[32]

ZWEITE SUITE

32. POLITIK (1). Diese notwendige und hinreichende Erkenntnis vom Subjekt sagt uns, was wir sind und was unser wesentliches Bedürfnis ist. Sagt sie uns auch, wie wir im Allgemeinen handeln sollen und was wir im Besonderen tun müssen, um die Krise zu lösen, in der wir uns befinden? Lässt sich aus ihr eine Politik ableiten?

Absolut betrachtet, muss es der Zweck der Politik sein, unser wesentliches Bedürfnis und Begehren zu erfüllen. Sie muss sich zum Ziel setzen, die dazu erforderlichen Bedingungen zu schaffen. Sie ist das gemeinsame Handeln, das darauf abzielt, diese Bedingungen zu schaffen, für alle, und sie jedes Mal neu zu erschaffen, wenn dies erforderlich ist.

Wenn sich in mir eine Potenz und ein Drang zum Handeln gebildet haben, kann es sein, dass ich alleine zu handeln vermag oder mit anderen zusammen handeln muss. Wenn die anderen die gleiche Potenz und den gleichen Drang haben, wirkt das Gesetz der Integrierung auf eine neue Weise: Unsere Potenzen vereinen sich und bilden eine größere Potenz – die aber keinen dauerhaften Bestand hat, denn dauerhaft erworbene Potenzen besitzt nur die Person. Dieses gemeinsame Handeln ist *notwendig*, weil es der Notwendigkeit des Handelns der Einzelnen entspringt. Es ist *frei*, weil es stärker ist als die von außen auferlegte Notwendigkeit und sich durchsetzt, weshalb es von einem Gefühl der Freiheit begleitet wird.

Ein jeder kann in seiner Erfahrung kleine und große Beispiele der Entstehung solcher gemeinsamer Potenzen finden. Die Geschichte liefert uns berühmte Exempel. Frei sind die Völker, die zu einem bestimmten Zeitpunkt aus eigener Notwendigkeit gegen eine von außen auferlegte Notwendigkeit gehandelt und dadurch Geschichte geschrieben haben, die ihre wie die der anderen. Dies geschieht im Krieg wie im Frieden, zu Beginn meist in kleinem Maßstab. Die Frage war immer, wie diese Freiheit auf Dauer bewahrt werden konnte, denn die gemeinsame Potenz verwandelt sich sehr schnell in die Macht einer Minderheit. Dafür hält die Geschichte unzählige Beispiele bereit. Die beiden Grundstimmungen (*umori*), von denen Machiavelli spricht[33], sind immer da gewesen: die Herrschsucht der einen und die Weigerung der anderen, sich beherrschen zu lassen. Mitunter hat man Institutionen erdacht, die eine fortgesetzte Ausübung der Freiheit ermöglicht haben, und Sitten entwickelt, die diese Ausübung förderten. Sobald die Ausübung der Freiheit vernachlässigt oder verhindert wurde, begann ihr Verfall.

33. POLITIK (2). Diese Grundsätze wären ausreichend, wenn wir uns nicht in der gefährlichen Lage befänden, die ich in der ersten Skizze beschrieben habe. Uns droht eine nicht mehr rückgängig zu machende Katastrophe. Herbeigeführt wird sie von einem System, über das wir jegliche Kontrolle verloren haben und das im Begriff steht, nicht nur was an politischer Freiheit hie und da noch übrig bleibt, sondern das Subjekt als solches zu vernichten. Es zerstört das Subjekt, weil es einem Gesetz gehorcht, das dem des Subjektes zuwiderläuft. Wir müssen dieses System abschaffen und dazu als Erstes das Gesetz erfassen, dem es

unterworfen ist. Dann erst werden wir beginnen können, eine Gesellschaft zu errichten, die auf dem Gesetz des Subjektes gründet.

Dieses Gesetz ist das der Integrierung, und ist ein Gesetz der Natur. Das ihm zuwiderlaufende Gesetz ist der Natur nicht fremd, denn nichts ist ihr fremd. Es ist aber ein relativ neues Phänomen. Es entstand aus einem zufälligen Fehlgehen, das systematische Folgen hatte, die sich bis heute fortsetzen und sich fortsetzen werden, solange wir ihnen nicht Einhalt gebieten. Das Fehlgehen ereignete sich, als der Industrie- und Finanzkapitalismus die Gesellschaften seinem Gesetz unterwarf. Ich habe in der ersten Skizze kurz gezeigt, wie es dazu gekommen ist, aber diese historische Erklärung ist unzureichend. Um die Mechanismen zu verstehen, die damals fehlgingen, müssen wir das Geschick der Menschheit im Ganzen, seit der Erfindung der Sprache, ins Auge fassen. Wir müssen uns allgemein über die *Systeme*, über ihre Entstehung und über die Rolle, die sie gespielt haben, Gedanken machen.

34. DIE SYSTEME. Die Sprache ist das erste System gewesen. Ich verstehe unter »System« eine Anzahl von untereinander verwandten Formen, die nach bestimmten Regeln kombiniert werden können, mit anderen Worten: eine *Kombinatorik*. Es liegt im Wesen eines Systems, dass es *funktioniert*. Als der Mensch die Sprache entwickelte, lernte er,

mit dem Funktionieren dieses Systems umzugehen, und erwarb dadurch die Fähigkeit, andere Systeme zu erfinden.

Man kann sich vorstellen, wie er sie erworben hat. Die Sprache dient uns dazu, Gedanken auszudrücken, die im Innern unserer Aktivität entstehen, aber diese Beziehung kann sich verkehren: Die Sprache kann ihrerseits unser Denken und somit unsere Aktivität bestimmen. Ihr Funktionieren legt verschiedene rein formale Gedankengänge nahe: klassifizieren, hierarchisieren, vom Besonderen zum Allgemeinen übergehen, in abstrakten Begriffen denken. Sie erlaubt es, uns wahrscheinliche, mögliche oder völlig fiktive Situationen auszudenken. Sie ermöglicht uns das Berechnen, das Analysieren von Figuren, das Beweisen usw. Keine dieser Operationen ist ohne die Sprache möglich. Der Beweis dafür: Sie verschwinden, sobald ich durch die zweite Enthaltung die Sprache außer Kraft setze. Im Traum gibt es sie nicht. All dies kann jeder an sich selbst nachprüfen.

35. DIE GESCHICHTE (1). Als die Menschen anfingen, diese rein formalen Operationen auf die Aktivität ihrer Gemeinschaften und ganzer Gesellschaften anzuwenden, begann ein Abenteuer, das bis zu uns führt. Sie haben praktische Systeme entwickelt, die immer ausgedehnter, komplexer und zwingender wurden. Diese Geschichte lässt sich in zwei Schritten zusammenfassen.

Die Sprache war das erste System. Zunächst wurde es allein durch das gesprochene Wort gepflegt und übermittelt.

Die Schrift führte ein zweites System ein, gleichsam eine Blaupause des ersten. Die Wirkung dieses zweiten Systems war die Objektivierung des gesprochenen Wortes, das dadurch eine neue Dauer erhielt. Gesagtes konnte dauerhaft festgehalten werden, was ein neues Zeitbewusstsein erzeugte, aber auch eine neue Macht: die der Privilegierten, die Zugang zum Geschriebenen hatten, über jene, die keinen Zugang hatten. Die Schrift verleiht die Macht, etwas vorzuschreiben. Und sie macht auch aus der Sprache einen Gegenstand der Reflexion. Ihre Formen konnten verfeinert werden. Es konnte fortan ein bestimmter Entwicklungsstand der Sprache festgehalten oder ihre Entwicklung verzeichnet werden.

Die Schrift hat weitere Systeme möglich gemacht: die des Rechnens, der Buchhaltung, des Geldes, der Verwaltung, des Rechts, des Eigentums. Die Welten, die der Mensch einzig durch das gesprochene Wort erschaffen hatte, waren unstet und begrenzt. Die mithilfe der Schrift entwickelten Systeme wurden ausgedehnter, komplexer und dauerhafter: die Staaten, die Reiche, der große Handelsverkehr. In verschiedenen Teilen der Welt verlangten immer weitreichendere Systeme von ihren Dienern eine immer strengere Disziplin. Dadurch entstanden die Zivilisationen. Von den obersten Herrschenden bis zu den untersten Ausführenden mussten alle das Funktionieren des Systems der Integrierung ihrer eigenen Aktivität voranstellen. Sie mussten alle Gefühle und Gedanken verdrängen, die mit der Ausübung ihrer Funktion nicht vereinbar waren. Die Ausgebeuteten hatten es einfacher: Sie hatten ihre Hörigkeit zu erdulden.[34] Mit der Schrift entwickelten sich zudem grafische Verfahren (Listen, Tafeln, Abbildungen), die das abstrakte Denken förderten und seine inneren Vorgänge veranschaulichten.[35]

Jeder von uns kann heute an sich selbst beobachten, wozu diese jahrtausendlange Entwicklung geführt hat. Die Geschichte lehrt uns, was wir sind.

36. GESCHICHTE (2). Nun der zweite Schritt. Zu Beginn der Neuzeit wurde in Italien ein neuer Prozess ausgelöst. Die Kaufleute begannen, ihre Kenntnis der Geometrie und der Algebra auf den Umgang mit ihren Waren anzuwenden. Dies führte zur Vorstellung, die gesamte materielle Wirklichkeit könne gemessen und durch Zahlen und Figuren dargestellt werden.[36] Diese Entdeckung hatte einen beispiellosen Aufschwung der Naturwissenschaften und der Technik zur Folge. Die Wirklichkeit schien vollkommen verständlich zu werden, allerdings um den Preis einer neuen Spaltung im Innern der menschlichen Aktivität, denn die mathematische Sprache beruht ausschließlich auf der Funktion. Die Synthesen der Einbildungskraft, die

den Worten ihren Sinn verleihen und durch Integrierung von Elementen unserer Erfahrung entstehen, kennt sie nicht. Die Einbildungskraft, die alleinige Schöpferin von Sinn, schließt sie aus, aber dank ihrer strengen Genauigkeit, ihrer grenzenlosen Entwicklungsfähigkeit und ihrer praktischen Effizienz drängte sie sich als eine höhere Form der Rationalität auf. Die dadurch entstandene Entzweiung kann jeder von uns in seiner Aktivität beobachten.

Diese neue Rationalität hat eine Verkehrung möglich gemacht, zu der es vor zwei Jahrhunderten in England und dann in ganz Europa kam. Der Handelsverkehr war so mächtig geworden, dass er der Gesellschaft seine Logik aufzwang: die des Rechnens, das heißt der reinen Funktion. Er tat es durch die industrielle Revolution, die mehr noch eine soziale Revolution war. Durch Gewalt schufen die besitzenden Klassen eine Klasse von Besitzlosen, die nunmehr gezwungen waren, ihre Arbeitskraft gegen einen Lohn zu verdingen, von dem sie dann ihren Lebensunterhalt bestreiten mussten. Dadurch wurde das Leben der Besitzlosen vollkommen der Rechnung der Besitzenden ausgeliefert, wobei auch das Leben der letzteren dem reinen Kalkül unterworfen wurde. Alles musste quantifizierbar sein, um mit Gewinn käuflich oder verkäuflich zu werden.[37] Diese Revolution hat kein stabiles System erzeugt, sondern eine Kettenreaktion ausgelöst, deren Auswirkungen immer zerstörerischer geworden sind und uns heute in die Katastrophe führen.

37. DAS VERHÄNGNIS. Diese Kettenreaktion wurde durch die Verbindung der neuen Macht der Kapitaleigentümer mit dem System der Zahlen ausgelöst.

Obwohl man in einer Sprache eine beliebige Zahl von Sätzen bilden kann, ist sie ein *endliches* System, denn sie beruht auf den Kombinationen einer beschränkten Zahl von Lauten, auf einem Wortschatz, der eine geschlossene Welt bildet, und auf einem begrenzten Kanon von Gesten, die den Sätzen ihre Gestalt und Bedeutung geben.

Ganz anders ist das System der Zahlen. Wenn sie jeglicher symbolischen Bedeutung entkleidet worden sind (wenn die Drei etwa nicht mehr auf die Dreieinigkeit verweist) und sie nur zum Messen und Rechnen dienen, bilden sie ein *unendliches* System: Es kann endlos erweitert werden, weil jede Zahl, wie groß auch immer, durch Addition oder Multiplikation vergrößert werden kann. Als die Kaufleute, Bankleute, Gelehrten und Ingenieure der Renaissance die Wirklichkeit zu quantifizieren begannen und ihren Rechnungen unterzogen (Galilei), führten sie das Unendliche in ihr Denken ein. Raum und Zeit wurden unendlich (Pascal). Dieses Unendliche blieb zunächst nur ein gedankliches Ferment. Die gesellschaftliche Ordnung wurde nicht erschüttert. Zur Umwälzung kam es erst, als im neunzehnten Jahrhundert die Besitzenden begannen, ausschließlich nach der Logik der Berechnung, des Profits und des Kapitalzuwachses zu handeln und mit ihrer neuen Macht diese Logik der ganzen Gesellschaft aufzuzwingen. So wurde die Kettenreaktion ausgelöst. Die Gesellschaft konnte sie nicht aufhalten, weil sie entmachtet war. Die sozialen Bewegungen, die versuchten, ihr Einhalt zu gebieten, wurden besiegt.

Dieses neue System, das sich dann von Europa über die ganze Welt ausbreitete, hat eine sinnentleerte Welt erschaffen – denn die Funktion erzeugt keinen Sinn. Sie kennt keinen anderen Zweck als ihr eigenes Funktionieren. Alle Versuche, diesem System einen Sinn zu verleihen, haben verhängnisvolle Ideologien hervorgebracht und zu Katastrophen geführt. Davon sind das neunzehnte und das zwanzigste Jahrhundert gezeichnet.

38. DAS GESETZ DES UNENDLICHEN. Die Ursache dieser Fehlentwicklungen liegt darin, dass die menschliche Aktivität dem *Gesetz des Unendlichen* unterworfen wurde. So nenne ich das Gesetz, dem ein System folgt, dessen Funktionieren weder ein Ziel hat noch ein Ende kennt.[38]

Mittlerweile herrscht dieses Gesetz in fast allen Bereichen. Das Finanzwesen gehorcht ihm, weil es der Vorstellung folgt, dass das, was funktioniert, endlos funktionieren muss, und das, was sich vermehrt, sich endlos zu vermehren hat. Weiter reicht ihr Denken nicht – wenn man das als Denken bezeichnen kann. Sie agieren wie der Krebs und bilden sich zudem ein, dass sie den Kranken retten werden, wenn sie ihn um den letzten Rest seines Immunsystems gebracht haben und er unfähig geworden ist, sich ihnen zu widersetzen. Etwas anderes können sie sich nicht vorstellen. Sie können es umso weniger, als ihr »Denken« inzwischen durch die Informatik automatisiert worden ist, von selbst »denkt« und augenblicklich alle Winkel der Welt erreicht. Dies entspricht dem Krebs im Endstadium. Diese Entwicklung hat eine Grenze: den Tod des Patienten. Darum scheren sie sich aber nicht.

Auch die industrielle Produktion wuchert. Sie kennt keinen anderen Zweck mehr als ihr eigenes Wachstum und dessen endlose Beschleunigung, um Profit und Kapitalzuwachs um jeden Preis zu sichern. Das Schlagwort »Wirtschaftswachstum« fasst diesen Wahnwitz zusammen.

Die Entwicklung des Krebses bringt fieberhafte Erscheinungen mit sich, die sich gegenseitig fördern: die des Konsums, der Werbung, der Kommunikation, der permanenten Nachrichtenflut, der immer schnelleren und allgemeineren Mobilität, des frenetisch gewordenen Arbeitsrhythmus usw. Das Gesetz des Unendlichen zwingt uns ein auf die Minute geregeltes Leben auf und macht es uns unmöglich innezuhalten, zu empfinden, zu denken, uns auszusprechen und unseren eigenen

Notwendigkeiten gemäß zu handeln. Wir sind entfremdet und erschöpft. Der Drogenkonsum verbreitet sich, und so auch die Depression, Zuflucht der Opfer, die zu ihrem Gefängnis werden kann.

Diese fieberhaften Entwicklungen sind aber nicht alles. Das zwanzigste Jahrhundert hat pathologische Phänomene hervorgebracht, wie sie die Geschichte früher nicht kannte. Anführer und Parteien haben versucht, total effiziente, anders gesagt *totalitäre* Systeme zu errichten. Sie versuchten, dieses Ziel dadurch zu erreichen, dass sie denen, auf die sie für das Funktionieren des Systems angewiesen waren, das Denken austrieben und die anderen vernichteten. Hitler war nicht der Einzige, aber er ist exemplarisch. Er überfiel Europa mithilfe der deutschen Industrie, die damals die effizienteste war und die er für sich gewann, indem er ihr volle Auftragsbücher bescherte. Sie brauchte Arbeitskräfte. Hitler stellte ihr die Häftlinge der Lager zur Verfügung. Von diesem »Menschenmaterial« wurde der als »brauchbar« angesehene Teil durch Arbeit zugrunde gerichtet, der andere auf durchrationalisierte industrielle Weise vernichtet. Es bräuchte das Genie eines Hieronymus Bosch, um diese Greuel und alle anderen, die im zwanzigsten Jahrhundert begangen wurden, darzustellen. Wobei Boschs Verdammte, wie die Dantes, Opfer ihrer eigenen Blindheit waren, während die des zwanzigsten Jahrhunderts durch die Schuld ihrer Mitmenschen umgekommen sind.

39. ZWEI MAẞNAHMEN. Die Diagnose liefert die Arznei. Um die Katastrophe zu vermeiden, muss die verhängnisvolle Verbindung gekappt werden. Zum einen muss der unrechtmäßigen Macht der großen Kapitalbesitzer und dem Gesetz des Unendlichen ein Ende gesetzt werden. Beides ist so eng miteinander verbunden, dass beides zusammen abgeschafft werden muss. Man wird die Leute, die das System verteidigen, weil sie davon profitieren, unschädlich machen müssen. Sollten sie sich für unersätzlich halten, wird man ihnen Madame de Staël entgegenhalten: »Schlägt man vor, irgendeinen Missbrauch zu beseitigen«, schreibt sie in Bezug auf die Sklaverei, »melden sich sofort dessen Nutznießer zu Wort, und behaupten, dass das gesamte gesellschaftliche Wohlergehen daran hänge. Es handele sich um das Fundament des Ganzen, sagen sie, obwohl es nur das Fundament ihrer eigenen Vorteile ist.«[39] Man wird die großen Kapitalbesitzer pfänden, aber darauf achten, ihnen genug Eigentum zu belassen, um ihnen sagen zu können, wenn sie protestieren sollten: »Worüber beklagt Ihr Euch?« Das ist das eine. Um zu siegen, wird man allerdings gleichzeitig eine Kraft anderer Art schaffen müssen. Das System wird nur weichen und besiegt werden können, wenn ihm eine Kraft anderer Natur entgegengesetzt wird – eine Kraft, die *dem Gesetz des Endlichen* folgt.

40. DAS GESETZ DES ENDLICHEN. Dieses Gesetz ist das der Integrierung, denn jeder Integrierungsprozess steuert auf seine Vollendung zu und endet, wenn sie erreicht ist. Jeder Integrierungsprozess ist daher *endlich*. Das *Sagen* zum Beispiel ist ein endlicher Akt. Wenn ich etwas *gesagt* habe, halte ich ein, denn meine Idee, meine Intuition, meine Empfindung hat ihren notwendigen und hinreichenden Ausdruck gefunden. Ein anderes Beispiel ist das Verstehen. Es ist ein endlicher Akt, denn wenn ich etwas verstehe, gelangt ein Prozess an sein Ziel und ist damit beendet. Wenn ich etwas erneut verstehe, läuft dieser Prozess rasch wieder ab. Die Integrierungsarbeit, die ich beim Lernen einer Geste leiste, endet, sobald die Geste zustande kommt. Wenn ich später die gleiche Geste ausführe, vollzieht sich die notwendige Integrierung der Kräfte augenblicklich.

Beobachten wir dies genauer. Wenn ich spüre, dass etwas gesagt sein will, halte ich inne, lasse die Sache Gestalt annehmen und *sage* sie. Diese drei Momente folgen immer in derselben Reihenfolge aufeinander. Wenn ich nicht verstehe, halte ich inne, lasse das Verstehen zustande kommen und sehe, was ich vorher nicht sah. Wenn ich eine Entscheidung treffen muss, halte ich inne, lasse sie heranreifen und handle. Um Wasser in ein Glas zu gießen, warte ich kurz, bis sich meine Kräfte auf die richtige Weise aufeinander abgestimmt haben, und schenke ein.

Wir begegnen diesen drei Momenten des Innehaltens, des Integrierungsprozesses und seiner Vollendung auch, wenn wir etwas voll empfinden wollen. Ich beiße in eine reife Frucht, warte bis der Geschmack sich voll entfaltet und genieße ihn einen Moment in seiner ganzen Fülle. Wenn ein Gefühl in mir aufkommt, halte ich inne, um es reifen zu lassen und es voll zu empfinden, was mich befreit, und wende mich anderen Dingen zu.

In gewissen fortgesetzten Aktivitäten scheint das Gesetz des Endlichen aufgehoben zu sein, doch dem ist nur scheinbar so. Wenn wir inspiriert sprechen oder Musik spielen oder beim Eislaufen freie Figuren vollführen, verbinden wir *endliche* Gesten miteinander. Wir handeln kontinuierlich, aber unser Handeln bleibt *endlich*. Es besäße keinen Sinn, wenn es endlos wäre. Nur was endlich ist, hat einen Sinn.

41. DIE MENSCHLICHE SCHWÄCHE. Wenn wir das Ende des Integrierungsprozesses nicht abwarten, gibt es auch keine Vollendung: Es gelingt mir nicht zu *sagen*, ich verstehe nur halb, die Geste kommt nicht zustande, ich bleibe unentschieden oder treffe die falsche Entscheidung. Ich koste die Frucht kaum, ich empfinde nicht recht. Nichts interessiert mich wirklich. Viele Menschen sind unfähig, innezuhalten und abzuwarten. Sie hasten lieber von einer Sache zur nächsten. Pascal nannte dies die Zerstreuung (*le divertissement*). »Nichts

scheint dem Menschen unerträglicher als völlig zu ruhen, ohne Leidenschaft, ohne Geschäfte, ohne Zerstreuung …«[40] An anderer Stelle bemerkt er: »Das ganze Unglück der Menschen rührt einzig daher, dass sie nicht fähig sind, in aller Ruhe auf ihrem Zimmer zu sein.«[41] Genauer: dass sie nicht fähig sind, innezuhalten und die Integrierungsprozesse entstehen und zur Vollendung gelangen zu lassen. Daraus schloss Pascal auf das Elend des Menschen ohne Gott. Ich schließe daraus, dass er das Gesetz der Endlichkeit nicht kennt.

Ebenso unbesonnen sind wir, wenn wir innehalten möchten, den Moment aber aufschieben, indem wir Bedingungen stellen und Vorbereitungen treffen: »So leben wir nie, sagt Pascal, sondern hoffen stets nur zu leben, wir bereiten uns stets auf das Glück vor und sind folglich nie glücklich.«[42] Manch einer, der sich der Sinnlosigkeit seiner Aktivität gewahr wird, begeht den Irrtum, sie zu intensivieren, um ihr einen Sinn zu verleihen, als ob ihre Beschleunigung oder ihre Steigerung die Frustration beheben könnten, die sie verursacht. Sie greifen zu Reizmitteln, und da die Frustration nur wächst, zu immer stärkeren Reizmitteln. So ist es seit jeher zu den schlimmsten Exzessen gekommen, insbesondere unter den Mächtigen. Heute bewirkt diese Flucht nach vorne die Jagd nach dem Profit. Wer das Gesetz der Endlichkeit verkennt, verfällt notwendigerweise der endlosen Wiederholung des Gleichen oder der Maßlosigkeit, die zur

Zerstörung führt. Die heutige Krise ist durch die verhängnisvolle Verbindung einer unrechtmäßigen Macht mit einem System entstanden, das dem Gesetz des Unendlichen unterworfen ist. Sie wird aber auch von der menschlichen Schwäche genährt, die das System von Anfang an in seinen Dienst gestellt hat.

41. ZIVILISATION. Wenn wir handeln wollen, müssen wir als Erstes diese Schwäche in uns überwinden – zunächst um ein besseres Leben zu führen, dann um uns vom System zu lösen und es infrage zu stellen. Es moralisch zu verurteilen, genügt nicht. Sich von ihm abzuwenden, hilft ebenso wenig. Vielversprechender ist es, unsere eigene Aktivität zu beobachten, ihre Gesetze zu entdecken und dadurch eine Potenz zu entwickeln, die mit der Potenz anderer nach und nach zu einer Kraft werden kann, die dem heutigen System entgegengesetzt werden kann und es zu besiegen vermag. Es ist dies kein utopisches Denken, kein Entwurf einer zukünftigen Gesellschaftsordnung. Diese Sichtweise ergibt sich aus der Kenntnis der Gesetze unsere Aktivität und dessen, was wir sind – aus einer Erkenntnis, die jeder durch Beobachtung seiner eigenen Erfahrung erwerben und nachprüfen kann.

Diese Erkenntnis allein wird kaum eine wachsende Zahl von Menschen dazu bewegen, diesen Weg einzuschlagen. Es muss eine Sprache hinzukommen, welche die Einbildungskraft anspricht und eine Vorstellung von der Gesellschaft hervorruft, die angestrebt werden soll. Man könnte zum Beispiel von einem *zivilisierten Leben* sprechen. Man könnte den Begriff der *Zivilisation* erneut zu Ehren bringen und ihm wieder den Sinn verleihen, den er für die Aufklärung besaß. Man verstand darunter eine allgemeine Vervollkommnung der Bräuche, Sitten und Gesetze und ein Zusammenspiel dieser Dinge, aus dem sich ein Ganzes ergeben sollte, das von einem gewissen »Geist« (Montesquieu) getragen würde. Das Ziel wäre es, diese Zivilisation auf der Kenntnis »unserer Natur, die wir zu vervollkommnen suchen«, zu gründen.

43. DIE SCHÖNHEIT. Die menschliche Aktivität folgt in allen Bereichen denselben Gesetzen. Von Schönheit sprechen wir, wenn ein Werk in uns, in der Aktivität des *Körpers*, ein ungewöhnliches Integrierungsphänomen auslöst, das uns beglückt. Das Werk übt diese Wirkung aus, weil die Integrierungsarbeit des Künstlers darin ihre Vollendung erreicht hat. Seine Wirkung kann etwas Unendliches an sich haben, weil es uns über unsere gewohnten Aktivitätsformen erhebt und die großen Werke bei jeder Begegnung erneut diese Wirkung haben. Gleichwohl hat die Schönheit den Charakter des *Endlichen*, weil ein vollendetes Werk nicht mehr verändert werden kann und wir im Angesicht der Schönheit *innehalten*: Wir wünschen uns nichts

anderes mehr. Das Studium des Schönen ist das Studium der höheren Integrierungsformen.

Auch ein Körper, der sich bewegt, eine Geste, ein Lächeln, ein treffendes Wort können eine solche Ergriffenheit bewirken. Die Schönheit wohnt nicht nur in Werken. Eine Landschaft beglückt uns, wenn wir in ihr plötzlich eine besondere Einheit gewahren. Es ist stets die Integrierung, die dieses Phänomen erzeugt. Die Funktion führt hingegen nur zur endlosen Wiederholung oder zu grenzenlosen Vermehrungen. Aber kann eine mathematische Beweisführung, wird man mich fragen, nicht auch schön sein? Sie kann es, weil sie einen Beweis bringt und somit eine *endliche* Operation ist, nach der man innehält.

Die Schönheit hat eine gewisse Beziehung mit dem Tod: Wer die Schönheit gekannt hat, kann ohne Bedauern aus der Welt scheiden.

44. LEBEN UND TOD. Die Person entsteht durch die Integrierung der Erfahrung. Vollkommen ist eine Person, der es gelungen ist, alles was sie in sich trug und worauf sie in ihrer besonderen Geschichte und der Geschichte ihrer Zeit gestoßen ist, in Einklang zu bringen. Sie hat aus ihrem Leben ein *endliches* Werk gemacht und findet es natürlich, dass es ein Ende haben soll.

Wer den Tod fürchtet, der fürchtet eigentlich zu sterben, ohne diese Vollendung erreicht zu haben. Wenn diese erreicht ist, verschwindet die Angst.

»Es kommt der Moment«, sagte eine alte Dame, die ein Autor zitierte, ich weiß nicht mehr welcher, »da der Tod zu einem Bedürfnis wird.« Er wird zu einem Freund.

Die Integration befreit noch auf eine andere Weise von der Todesangst. Wenn wir von einem Integrierungsprozess eingenommen sind, der sich gerade in uns vollzieht, hebt er den Tod in uns auf. Er tut es, solange er dauert, und wenn er noch so bescheiden ist. Und was im Kleinen gilt, trifft auch im Großen für das ganze Leben zu. Solange sich das Subjekt vervollkommnet, hat der Tod keine Macht über es. Er begleitet am Ende die Vollendung.

Das Gesetz der Endlichkeit ist ein Prüfstein. Es erlaubt, über den Wert von Lehren der Vergangenheit ein Urteil zu fällen. Es verurteilt die Religionen, die eine Vorstellung vom Jenseits und vom ewigen Leben verbreitet haben, denn der Mensch vervollkommnet sich nicht durch die Suche nach der Unsterblichkeit, sondern indem er das Gesetz der Endlichkeit entdeckt und im Gegenteil zu einem Sterblichen wird. Es verurteilt auch die neueren Philosophien, die den Menschen als ein Wesen dargestellt haben, das der Existenzangst, dem unglücklichen Bewusstsein, der ziellosen Freiheit oder der Unendlichkeit des Begehrens ausgeliefert ist, oder die das Subjekt auf einen Effekt des Unbewussten oder sprachlicher und anderer »Strukturen« reduziert haben. Damit werden wir eine beträchtliche Menge Literatur los. Das Evangelium sagt: Tue das Gute sofort, ohne zu zögern, denn darin besteht das Reich Gottes. Mit anderen Worten: Tue hier und jetzt die *notwendigen* und *endlichen* Taten.

45. UNSERE BEDÜRFNISSE. »Aufklärung«, sagt Lichtenberg, »besteht eigentlich in *richtigen Begriffen von unsern wesentlichen Bedürfnissen.*« Es sind endliche Bedürfnisse, aber weil wir sie nicht kennen, suchen wir sinnlose Begierden zu befriedigen. Wir folgen unwillentlich dem Gesetz des Unendlichen und erschöpfen die Güter der Erde. Das vielgepriesene »Wachstum« ist eine selbstmörderische Flucht nach vorn. Hellsichtige Köpfe fordern uns auf, unseren Konsum einzuschränken. Sie erklären uns, dass wir nicht schlechter, im Gegenteil besser leben werden. Ihre Mahnungen genügen aber nicht, um die Kraft zu erzeugen, die nötig wäre, um die Veränderungen herbeizuführen. Warum nicht?

Spinozas Ethik endet mit diesem Lehrsatz: »Die Glückseligkeit ist nicht der Lohn der Tugend, sondern die Tugend selbst; wir sind nicht selig, weil wir unsere Leidenschaften meistern, sondern sind imstande, sie zu meistern, weil wir selig sind.«[43] Spinoza formuliert ein Gesetz. Um es zu verstehen, müssen wir die lateinischen Wörter, die er braucht, richtig übersetzen. Ich gehe im Folgenden kurz auf diese Frage der Übersetzung ein, denn sie ist wichtig.

Libidines coercere, sagt Spinoza. *Libidines* (der Plural von *libido*) wurde von Robert Misrahi mit »désirs naturels« (natürliche Begehren) übersetzt, von Charles Apphun mit »appétits sensuels« (sinnliche Lüste), von Bernard Pautrat mit »appétits lubriques« (Lüsternheit). Alle drei verstehen *libido* im Sinne Freuds. Andere, wie André Guérinot oder Roland Caillois, übersetzen *libidines* mit »penchants« (Neigungen), was eleganter, aber auch sehr abgeschwächt ist. Im Lateinischen bedeutet *libido* gewiss »natürliches Begehren«, »Lust«, aber häufiger noch »Laune«, »Belieben«, »Willkür« und daher auch »Schwelgerei«, »Lasterhaftigkeit«, »heftige Leidenschaft«. Deshalb schien mir, dass »passion« (Leidenschaft) das beste französische Äquivalent sei, das der philosophischen Tragweite des Satzes am genauesten entspricht. *Coercere*, ein Verb, von dem das französische »coercition« (Nötigung, Zwang) abstammt, wurde von Apphun mit »réduire« (bezwingen), von Pautrat mit »contrarier« (entgegenwirken) und von Guérinot, Caillois, Misrahi mit »réprimer« (unterdrücken) wiedergegeben. Die Übersetzer scheinen auch hier Freuds Idee der Unterdrückung oder Verdrängung der Triebe gefolgt zu sein. *Coercere* bedeutet unzweifelhaft »zum Gehorsam zwingen«, »bestrafen«, »unterdrücken«, aber auch »eindämmen«, »zähmen«, »dienstbar machen« und besitzt somit einen positiven Sinn: Ich habe ihn mit »maîtriser« (meistern) wiedergegeben. Die Vorstellung, dass wir in uns etwas unterdrücken sollten, ist Spinozas Denken fremd, denn er ist der Auffassung, dass alles in uns natürlich und notwendig ist und dass wir die Fähigkeit haben, in unserer Selbsterkenntnis und Selbstbeherrschung, mit anderen Worten: in der Integrierung unserer Aktivität und im Wissen um ihre Gesetze voranzuschreiten.

Ich bin überzeugt, dass wenn wir ihm diese Formulierung unterbreiten könnten, sie seine Zustimmung fände.

Wir kommen also dann voran, wenn wir die Kräfte in uns nicht unterdrücken, sondern integrieren, sodass sie, anstatt sich gegenseitig zu hindern, zusammen höhere Formen der Aktivität erzeugen. Auf diesem Weg können wir nach und nach unser wesentliches Bedürfnis erfüllen. Und je mehr wir darin vorankommen, desto leichter fällt es uns, auf die unwesentlichen Begierden zu verzichten. Verzichten ist noch zu viel gesagt: Sie nehmen ab und verschwinden, oder bestehen weiter, aber in untergeordneter Stellung.

Daraus folgt, dass wir die Krise nicht dadurch überwinden werden, dass wir unseren Begierden Grenzen auferlegen, sondern dadurch, dass wir unser wesentliches Bedürfnis erfüllen und folglich unsere Begierden vermindern, daher auch unseren Konsum, und aufs Sorgsamste mit den noch bestehenden Gütern unseres Planeten umgehen.

46. EUROPA (1). Auch in unseren gemeinsamen Aktivitäten können wir unsere Kräfte so einen, dass sie, anstatt einander entgegenzuwirken, zusammen eine höhere Aktivität erzeugen. Diese Art der Integrierung führt weder zur Seligkeit noch zu einer anderen Vollendung, aber erlaubt allen, leichter und schneller ihren Beitrag zum Gemeinwohl zu leisten und die Rollen besser unter sich zu verteilen. Dies ist der Grundsatz der Kooperation im gesellschaftlichen Leben und der Föderation im politischen Bereich. Seit zweihundert Jahren haben alle Revolutionen anfänglich nach diesem Grundsatz gehandelt – und sind dann auf Irrwege geraten oder wurden von ihren Feinden besiegt. Da die Geschichte von den Siegern geschrieben wird, ist diese Tatsache aus dem kollektiven Gedächtnis verschwunden, aber sie kann wieder ans Licht gebracht werden.[44] Das Gesetz der Integrierung gilt auf allen Ebenen der menschlichen Aktivität: Kräfte vereinen sich, ohne ineinander aufzugehen, und erzeugen von unten nach oben eine höhere Potenz, die ihnen gehorcht.

Genau dies sah die europäische Verfassung von 1952 vor, aber ein anderer Grundsatz hat sich durchgesetzt: der Grundsatz nicht des politischen, sondern des ökonomischen Liberalismus. Das vereinte Europa sollte auf das Recht gegründet werden und dieses Recht sollte in erster Linie das freie Funktionieren des Marktes garantieren. Marktwirtschaft und freier Wettbewerb sollten zu Freiheit und Wohlstand führen. Sie haben dies teilweise getan, aber auch dem Kapital eine wachsende Macht über das ökonomische, gesellschaftliche und schließlich über das politische Leben verschafft, weil das Recht die Ansprüche des Kapitals über den Willen der Bürger stellte. Wenn sich die Bürger gegen ihr Los zur Wehr setzten, wurde es zur Gewohnheit der Finanzmächte und der Politiker, die in ihrem Dienst standen, die Schuld auf Brüssel abzuschieben. Dadurch lenkten sie die Unzufriedenheit von sich ab und vertuschten ihr Spiel. So aber ebneten sie auch den Populisten und Nationalisten den Weg, welche die Unzufriedenheit ausnutzen, um selbst an die Macht zu kommen. So hat sich in jüngster Zeit das Bündnis zwischen Kapital und Reaktion erneuert, das sich in Europa seit zweihundert Jahren immer wieder gebildet hat. Wir machen uns zu ihren Helfershelfern, wenn wir von Neoliberalismus oder Globalisierung sprechen, anstatt vom *Kapitalismus*, mit dem wir es zu tun haben. Wenn wir das Problem nicht beim Namen nennen, können wir es auch nicht lösen.

47. EUROPA (2). Die Europäer wären imstande, das Problem zu lösen, wenn sie erneut bei der Aufklärung ansetzen und sie vertiefen wollten. Sie besitzen eine unvergleichliche Tradition kritischen Denkens, praktischer Demokratie und politischer Erfindung. Und es ist auch deshalb in ihrem Inte-

resse, sich über ein solches Vorhaben zu einigen, weil keine europäische Nation groß genug ist, es alleine zu verwirklichen. Wenn sie sich wehren und den Gang der Geschichte mitbestimmen wollen, müssen sie gemeinsam handeln. Sie könnten aber mehr tun: Sie könnten *in ein und demselben Zug* die Schwäche Europas überwinden, dem gefährlichen Fehlgehen des Industrie- und Finanzkapitalismus ein Ende setzen und der Zerstörung der Umwelt Einhalt gebieten. Sie *müssen* es tun, denn diese drei Aufgaben lassen sich nicht mehr trennen. Anstatt sie weiterhin gesondert zu betrachten, was bestimmt zum Scheitern führt, können wir sie als eine einzige historische Aufgabe ansehen und in dieser Aufgabe von der wichtigsten aller Erkenntnisse ausgehen, dem Wissen um das Wesen des menschlichen Subjektes. Ein zivilisiertes Leben muss auf diesem Wissen gründen. Es braucht ein klug ausgedachtes Ganzes von Bräuchen, Sitten und Gesetzen. Es braucht eine gesicherte materielle Grundlage und, als Erstes, eine günstige natürliche Umwelt. Die Anzeichen der hereinbrechenden Katastrophe belegen es deutlich genug und die gesamte Geschichte beweist es.

Dies ist das Gesamtbild, das sich ergibt, wenn ich versuche, alles einzubeziehen, was unsere heutige Lage bestimmt. Ich habe versucht, dieses Bild so genau und einfach wie möglich zu zeichnen. Dies ist der Vorteil der Skizze: Sie erlaubt es, das Wesentliche hervorzuheben. Sie erlaubt es mir auch, mich an den Leser zu wenden: »So sehe ich das«, sage ich zu ihm, »siehst du es auch so?« Ich füge noch hinzu, dass wenn die Europäer ein solches Exempel setzten, sie andere Teile der Welt dazu bewegen würden, den gleichen Weg einzuschlagen.

48. ALLGEMEINGÜLTIGKEIT. Ein zivilisiertes Leben braucht ein philosophisches Fundament: einige *wahre Ideen*, die seinen Zusammenhalt gewährleisten. Spinoza hat wahre Ideen formuliert, auf denen die Autonomie des Subjektes gegenüber den Machtansprüchen der Religionen und den durch sie legitimierten weltlichen Gewalten seiner Zeit gründen konnte. Er steht am Anfang der Aufklärung. Unsere Lage ist anders. Wir brauchen wahre Ideen, die uns helfen sollen, die Autonomie des Subjektes zu verteidigen oder wiederherzustellen, uns aber auch bei der Lösung einer nie da gewesenen Aufgabe leiten müssen: der Katastrophe, die droht, Einhalt zu gebieten und *gleichzeitig* eine Gesellschaft zu schaffen, die so weit wie möglich unser grundlegendes Bedürfnis und Begehren befriedigt.

Ich habe dargelegt, welchen Begriff ich von diesen Ideen habe. Sie bilden eine *endliche* Erkenntnis, denn es gibt keine grundlegendere und keine allgemeinere. Man wird sie verfeinern und vertiefen, nicht aber vermehren können. Wenn sie mir gegenwärtig ist, fehlt es mir an nichts. Ich genieße dann eine Art Ewigkeit.

Diese Erkenntnis ist allgemeingültig, weil sie Gesetze zum Gegenstand hat, die für alle menschlichen Aktivitäten gelten, groß und klein. Sie ist auch deshalb allgemeingültig, weil sie eine Erkenntnis über die Sprache umfasst, die von jeder besonderen Sprache unabhängig ist, und somit von jeder besonderen *Welt*. Sie erlaubt es mir, jedem Menschen zu sagen: Du bestehst wie ich aus einer Aktivität, in der Integrierungsprozesse stattfinden, die sich ihrer selbst bewusst werden kann und in der die Einbildungskraft, wenn mit der Sprache gekoppelt, *Dinge* und *Welten* hervorbringt. Diese Erkenntnis trägt mühelos der ganzen Verschiedenartigkeit der Menschheit Rechnung, weil sie ihr gemeinsames Fundament sieht.

49. DIE FREIHEIT. Aus dieser Erkenntnis folgt auch die positive Idee der Freiheit, die bisher fehlte. Die positive Freiheit ist nichts anderes als die notwendige Handlung, die einem Integrierungsprozess entspringt, der in meiner Aktivität entstanden ist. Sie ist auch die notwendige Handlung, die ich gemeinsam mit anderen Menschen vollführe. Sie ist ebenfalls das fortgesetzte Handeln, wenn es einer Notwendigkeit entspricht. Sie ist schon im Bewusstsein begriffen, dass ich die Potenz besitze, aus der sich zu gegebener Zeit die notwendige Handlung ergeben wird. Diese Freiheit ist nicht das Gegenteil der Knechtschaft, sondern der Ohnmacht. Jeder weiß, dass er in Un-

freiheit lebt, wenn ein notwendiger Akt in ihm entsteht, er ihn aber wegen einer äußeren oder inneren Behinderung nicht vollführen kann. Ganze Gesellschaften leben aus eigener Unfähigkeit oder infolge eines äußeren Zwangs in Unfreiheit. Wenn sie keine der notwendigen Handlungen, die in ihnen heranreifen, ausführen können, leben sie in Unmut und Selbstverachtung dahin.

In seinem Essay *Von der Freiheit der Alten im Vergleich zu jener der Modernen* (1819) hat Benjamin Constant zwei Arten der politischen Freiheit unterschieden: die der griechischen Polis und der römischen Republik, und diejenige, die in seinen Augen nach dem Sturz des Ancien Régime in Frankreich eingeführt werden sollte. Erstere beschränkte sich auf die Beratung und die Entscheidungen der Bürger, gegen die man sich auf keine individuellen Rechte berufen konnte. Letztere, die einzig den modernen Gesellschaften entspreche, meinte Constant, war die Freiheit der Individuen, die sich nicht nur gegen die Willkür der Staatsgewalt, sondern allgemeiner gegen jeden unnützen Eingriff der Macht in ihr Dasein schützen. Der Staat ist lediglich dazu berufen, die Ordnung zu gewährleisten, die es ihnen erlaubt, ungestört ihren Geschäften nachzugehen. Durch diese Unterscheidung wollte Constant hauptsächlich deutlich machen, dass die französischen Revolutionäre den Fehler begangen hatten, die antike Freiheit einer Gesellschaft aufzuzwingen, die nach der modernen Freiheit verlangte.

Es wäre heute ein vergleichbarer Fehler, sich mit Constants liberaler Auffassung der Freiheit zu begnügen. Es geht nicht darum, sie zu verwerfen, wie es die autoritären und totalitären Regime in der jüngeren Geschichte getan haben, sondern sie fortan durch die positive Idee der Freiheit zu ergänzen. In ihrem Prinzip ist die Demokratie das politische System, in dem die Bürger die Macht ausüben. Die moderne Demokratie sichert ihnen dazu ihre individuelle Freiheit. Heute muss eine vertiefte Demokratie ihnen zudem ermöglichen, ihre Ohnmacht zu überwinden und *gemäß der Notwendigkeit zu handeln*. Dieses Handeln wird ihnen das untrügliche *Gefühl der Freiheit* bringen, und dadurch werden sie in der Tat freie Subjekte sein.

So müssen wir heute handeln, wenn wir die Katastrophe, die heranrückt, aufhalten wollen. Und so werden wir in Zukunft handeln müssen, wenn wir der Krise nicht erliegen und die Geschichte fortfährt, denn alle Gesellschaften sind den Tücken des Schicksals, der Abnutzung, der Unerfahrenheit der einen und der Verblendung der anderen, der Versuchung der Gewalt ausgesetzt. Es wird in ihnen immer die »zwei Grundstimmungen« geben, von denen Machiavelli sprach: die Herrschsucht der einen und die Weigerung der anderen, sich beherrschen zu lassen. Es wird der *virtù* bedürfen, sagte er – der Fähigkeit zu handeln, wenn *fortuna* die Gelegenheit bietet, denn sie zermalmt diejenigen, die den günstigen Augenblick verstreichen lassen.[45] Das wahrhaft politische Handeln, sei es kollektiv oder individuell, folgt dem Gesetz des Endlichen. Die Bürger fällen Entscheidungen und schreiten zu Handlungen, die in die Geschichte eingehen. »Nur die freien Völker haben eine Geschichte, die der Aufmerksamkeit würdig ist«, schrieb Chamfort.[46] Sie haben eine Geschichte, weil sie diese schreiben.

50. SEHEN DES GANZEN. Ein Zufall hat das Leben auf der Erde hervorgebracht. Es hat sich entwickelt. Es hat unsere Gattung erzeugt, die gedeihen konnte, weil die Bedingungen günstig waren. Diese Bedingungen haben sich mehrmals verändert, mitunter auf gefährliche Weise.[47] Seit Kurzem werden sie von unserem Tun und Handeln so gestört, dass sie in absehbarer Zeit verschwinden könnten. Wir sollten unser Verhalten ändern, schaffen es aber nicht. Wenn uns die Umstände dazu zwingen werden, wird es zu spät sein. Wir wären weiser, wenn wir ein klares Gesamtbild von unserem Abenteuer, seit seinen Anfängen, im Kopf hätten – so klar, wie dasjenige, das Lukrez in *Über die Natur der Dinge* geboten hat. Dieses einzigartige philosophische Gedicht stellt mit größter Klarheit die gesamte Wirklichkeit dar. Es zeigt, dass letztlich der Zufall der Herr aller Dinge ist und selbst die Gesetze aus ihm entstehen, denen die Natur gehorcht. Es heilt uns von unseren Illusionen und Ängsten und offenbart uns die Welt in

ihrer blendenden und unerbittlichen Schönheit.[48] Ein solches *Sehen des Ganzen* ist heute dringend notwendig geworden.

Wir brauchen auch eine klare Gesamtschau der Geschichte seit der Erfindung der Sprache. Wir können nicht verstehen, was dem Menschen widerfahren ist, solange wir nicht begreifen, was die menschliche Sprache ist. Aus diesem Grund habe ich ihr ein Dutzend Skizzen gewidmet und aufgezeigt, wie die Fähigkeiten, die wir durch ihren Gebrauch erworben haben, uns in ein Abenteuer verwickelt haben, aus dem sich unsere heutige Situation ergeben hat. Binnen weniger Jahrhunderte haben wir immer komplexere Systeme geschaffen, die uns auf immer zwingendere Weise ihre Logik auferlegt haben. In der jüngsten Vergangenheit hat sich eines gebildet, das sich von allen vorhergehenden unterscheidet. Es hat eine Kettenreaktion ausgelöst, die sich über die ganze Welt erstreckt hat und die bis heute nicht aufgehalten werden konnte. Wir brauchen dieses zweite Gesamtbild, um auch in der Geschichte *das Ganze zu sehen*.

Wir wären zur Ohnmacht verurteilt, wenn nicht ein drittes Sehen dazukäme: das des menschlichen Subjektes. Wir kennen es nun auf zweifache Weise: als ein sprechendes Subjekt und als Aktivität, die sich selbst unabhängig von der Sprache wahrnehmen und verstehen kann. Diese Erkenntnis wird uns nicht zu besseren Menschen machen, aber kann uns helfen, deutlicher zu sehen, was wir sind, was unser wesentliches Bedürfnis ist und was uns befähigt, es zu befriedigen. Sie wird uns über die Sprache belehren, die sowohl unser Glück ausmacht als auch unser Verderben, wenn wir nicht behutsam mit ihr umgehen. Diese Erkenntnis kann sich ein jeder zu eigen machen und ist allgemeingültig. Sie ist in meinen Augen die Vertiefung, deren die Aufklärung bedurfte. Vielleicht wird sie es uns ermöglichen, dem großen Fehlgehen ein Ende zu bereiten und eine Zivilisation zu entwerfen. Dadurch gelänge uns *in extremis* eine Schöpfung.

Haben diese Ideen die geringste Chance, eine Wirkung auszuüben? Ich zweifle daran, aber verzweifle nicht ganz, und deshalb veröffentliche ich sie. Sollten sie gar keine haben, werden zumindest die wenigen Personen, die gedacht haben wie ich, vor dem Ende die Genugtuung empfinden, begriffen oder vermeintlich begriffen zu haben, woran das menschliche Abenteuer gescheitert ist.

Anmerkungen

1 »Il n'y a de détruit que ce qui est remplacé«. *Considérations sur la Révolution française*, livre 11, chapitre 9. Dieses Meisterwerk (1818) scheint bisher nicht ins Deutsche übersetzt worden zu sein.

2 Siehe dazu Zeev Sternhell, *Les anti-lumières*, Gallimard, Paris, 2010, eine lehrreiche Darstellung der europäischen Gegenaufklärung von ihren Anfängen bis heute. Hinzuzufügen sind die ganz wesentlichen Einsichten, zu denen der Historiker Jonathan Israel in seinem groß angelegten Werk *Radical Enlightenment. Philosophy and the Making of Modernity 1650–1750* (Oxford University Press, 2001) gelangt ist: dass die Anfänge der Aufklärung im 17. Jahrundert liegen (insbesondere bei Spinoza), dass sie gleich zu Beginn zu einer europaweiten Bewegung wurde, sich sehr schnell in eine radikale und eine gemäßigte Form aufspaltete und man diese innere Spaltung klar erkennen muss, wenn man die Geistesgeschichte, aber auch die politische Geschichte des modernen Europa verstehen will. Eine kurze Gesamtdarstellung seiner Thesen hat er in *A Revolution of the Mind* (Princeton University Press, 2010) geliefert.

3 Nicolas Chamfort, *Maximes et pensées*, Gallimard, Paris, 1970, n° 63.

4 Immanuel Kant, *Beantwortung der Frage: Was ist Aufklärung?* (1784).

5 G. Chr. Lichtenberg, *Sudelbücher I*, Carl Hanser Verlag, München, 1968, S. 688, J 246.

6 Ebenda, S. 785, J 939.

7 Ich würde das heute nicht mehr so formulieren. Spinozas Einstellung zur christlichen Religion war differenzierter. Siehe unter anderem Bernard Pautrats Einleitung zu Jarig Jelles, *Préface aux Œuvres posthumes de Spinoza*, Allia, Paris, 2017.

8 Über Spinozas Rolle, siehe insbesondere Jonathan Israels *Radical Enlightenment, Philosophy and the Making of Modernity 1650–1750*; siehe oben, S. 101, Anmerkung 2.

9 Unter *Einbildungskraft* verstehe ich nicht die Fähigkeit, »Beliebiges zu erdenken, sondern die Dynamik, dank der sich verschiedenartige Elemente zu einer imaginären, sinnträchtigen Synthese zusammenfügen«. Siehe Jean François Billeter, *Ein Paradigma*, Matthes & Seitz Berlin, Berlin, 2017, S. 23.

10 Die Erfahrung des reinen Bewusstseins wurde in mehreren Strömungen des chinesischen Denkens als grundlegend angesehen. Siehe Jean François Billeter, *Études sur Tchouang-tseu*, Editions Allia, 2016 (4. Auflage), S. 132–134. Sie spielt aber zum Beispiel auch bei Meister Eckhart eine große Rolle. Paul Valéry hat sie auf seine Weise beschrieben. Siehe dazu G. Lanfranchi, *Paul Valéry et l'expérience du moi pur*, Bibliothèque des arts, Paris, 1993.

11 Auf den Gedanken des Innehaltens (l'arrêt) bin ich durch einen der bedeutendsten Texte des *Zhuangzi* gekommen. Siehe *Études sur Tchouang-tseu*, a. a. O., S. 129–132.

12 Ich habe diese Analyse der Geste ausführlicher in *Ein Paradigma* dargestellt (Matthes & Seitz Berlin, 2017, S. 11–18). In *Das Wirken in den Dingen. Vier Vorlesungen über das Zhuangzi* war sie schon skizziert (Matthes & Seitz Berlin, 2016, S. 16–20). Siehe auch Jean François Billeter, *Essai sur l'art chinois de*

l'écriture et ses fondements (Allia, Paris, 2010, S. 113, 148, 217 ff.).

13 In der Vorrede zum 5. Teil der *Ethik*.

14 G. Chr. Lichtenberg, *Sudelbücher II*, Carl Hanser Verlag, München, 1971, S. 412, K76. Siehe auch S. 501, L806.

15 Zur inneren Beobachtung unserer Gesten und unserer Aktivität überhaupt, siehe *Das Wirken in den Dingen*, S. 65–67, und *Ein Paradigma*, S. 14, 16–17.

16 Siehe oben, S. 19, Anmerkung 9.

17 In *Notes sur Tchouang-tseu et la philosophie* (Allia, Paris, 2010, S. 19 f.) berichte ich, wie ich darauf gekommen bin, die Entstehung des Sinns auf diese Weise zu verstehen. Zum Phänomen der Objektivierung, siehe *Ein Paradigma*, S. 24–28.

18 In *sakana o taberu* zeigt die Partikel *o* an, dass *sakana* Objekt ist. In *wo ba yu chi le* ist *ba* eine Präposition, oder genauer ein vorangestelltes, also subordiniertes Verb, das anzeigt, dass *yu* Objekt ist. Das *le* am Satzende zeigt die abgeschlossene Handlung an. *Chi* wird *tsch'ö* ausgesprochen. In *wo chide yu* ist *de* eine Partikel, die *chi* und *yu* trennt und darauf deutet, dass »essen« als subordiniertes Verb zur genaueren Bestimmung von *yu* (Fisch) zu verstehen ist: »der (von mir) gegessene Fisch«. *Wo chi yu*, ohne die Partikel *de*, würde bedeuten: »Ich esse Fisch.«

19 Siehe Johan Huizinga, *Homo ludens. Vom Ursprung der Kultur im Spiel* (1938). Rowohlt, Reinbek 1991, S. 57.

20 Man bedient sich zudem einer kleinen Anzahl von Partikeln, insgesamt einem Dutzend, um in gewissen Fällen den Satzbau zu verdeutlichen. Wir haben vorhin zwei Beispiele angetroffen. (Siehe oben, Anm. 19.) Für Eingeweihte füge ich noch dies hinzu: Der Satz *shan gao* kann auch, in einem anderen

Sprachspiel, eine Antwort auf die Frage sein »Was ist höher?« Der Satz bedeutet dann: »Dieser Berg ist höher.« In diesem Fall wird *schan* sehr stark betont und *gao* zum Komparativ. Um diesen Komparativ wieder in eine neutrale Beschreibung zurückzuverwandeln, stellt man *gao* das Adverb *hen* voran: *shan hen gao* 山很高, mit Betonung auf *gao*: »Der Berg ist hoch.« Alles hängt vom jeweiligen Sprachspiel ab.

21 F. R. de Chateaubriand, *Mémoires d'outre-tombe*, Livre XII, chapitre 10.

22 Ich fasse kurz zusammen, was mir mein Beitrag zu den bestehenden Sprachwissenschaften zu sein scheint. Es sind: 1. die Heterogeneität der drei Systeme; 2. der Satz als sinnträchtige Geste; 3. der Ursprung der sinnträchtigen Gesten in den Sprachspielen; 4. die Möglichkeit, die Sprache als eine besonders komplexe Form unserer Aktivität *in actu* zu erfassen; 5. eine richtige Einschätzung der Erkenntnisart, die wir der Intuition der Sprache *in actu* abgewinnen.
Die Idee, dass man etwas Wesentliches erfasst, wenn man aus der Sprache heraustritt und dann wieder in sie eintritt, stammt aus dem zweiten Kapitel des *Zhuangzi*: »Wenn wir behaupten, dass sich unsere Sprache vom Zwitschern der kleinen Vögel unterscheidet, können wir da eine klare Unterscheidung treffen?«, fragt sich der Autor. »Das können wir«, antwortet er, »denn im Unterschied zum Gezwitscher der Vögel schafft unsere Sprache *Dinge*, oder was wir dafür halten.« Siehe *Études sur Tchouang-tseu*, a. a. O., S. 126 und 151 f.

23 In dem Gedicht »Der Sieg« aus den *Kalligrammen*.

24 »Rien ne sert de parler, il faut dire.« Dem berühmten Spruch nachgebildet, der aus der Fabel vom Hasen und der Schildkröte die Lehre zieht: »Rien ne sert de

courir, il faut partir à temps.« (Rennen hilft nicht weiter, nur zeitig losgehen.)

25 Im zweiten Teil von *Du côté de chez Swann (In Swanns Welt).*

26 Im 30. der ihm zugeschriebenen *Probleme.*

27 « Parler sans rien dire » ist im Französischen eine viel verwendete Redewendung. Sie setzt « parler » und « dire » klar voneinander ab.

28 *Sudelbücher II*, S.411, K 71.

29 *Cahiers I*, Encyclopédie de la Pléiade, Gallimard, Paris, 1973, S. 452.

30 Michel de Montaigne, *Essais*, Livre II, chapitre 12.

31 *Abhandlung über die Verbesserung des Verstandes*, § 25.

32 Ich denke, dass diese vier Sätze mit Spinozas Denken übereinstimmen. Sie unterscheiden sich durch die Idee der Integrierung, die bei ihm – so scheint es mir – implizit geblieben ist. Ich vermute, dass er, wenn er auf sie gekommen wäre, sie seiner Idee des *conatus*, des »Strebens, in seinem Sein zu verharren«, vorgezogen hätte.

Eine weitere Bemerkung: In *Notes sur Tchouang-tseu et la philosophie* (Allia, Paris, 2010, S. 45–49) habe ich behauptet, dass unsere Auffassungen vom Wesen des Menschen Schöpfungen unserer Einbildungskraft sind. Mittlerweile denke ich, dass solche Auffassungen in der Vergangenheit zwar auf diese Weise entstanden sind, dass das Wesen des Subjektes aber durch die Gesetze unserer Aktivität *erkannt* werden kann. In Spinozas Sprache: Die Idee der Integrierung ist eine *wahre Idee*, die sich von selbst bewahrheitet, sobald sie konzipiert worden ist. Am Anfang ist sie schwer zu verstehen, weil es sich um Prozesse und Gesetze der Aktivität handelt, die das Denken erfassen muss.

33 In *Der Fürst*, zu Beginn des 9. Kapitels, und im 5. Buch seiner *Reden über die erste Dekade des Titus Livius*.

34 Ich fasse hier so kurz wie möglich zusammen, was Norbert Elias den »Prozess der Zivilisation« nennt. Siehe Norbert Elias, *Über den Prozess der Zivilisation* (1939).

35 Siehe Jack Goody, *The Domestication of the Savage Mind*, Cambridge, University Press, 1977.

36 Alfred W. Crosby hat dieses Phänomen in *The Mesure of Reality. Quantification and Western Society 1250–1600* (Cambridge University Press, 1997) aufgezeigt.

37 Ich folge hier Karl Polanyi (*The Great Transformation. The political and economical origins of our time*, 1944 – deutsche Übersetzung: *The Great Transformation. Politische und ökonomische Ursprünge von Gesellschaften und Wirtschaftssystemen*. 8. Auflage. Suhrkamp Taschenbuch Wissenschaft, Frankfurt 1973), der die klassische Analyse von Marx weiterentwickelt hat.

38 »Un système dont le fonctionnement *n'a pas de fin*, dans le double sens du mot: *ni but, ni terme.*«. »L'infini«, das Unendliche, enthält das Wort »fin«, das sowohl »Ziel« als auch »Ende« bedeuten kann.

39 Vorwort zu einem Werk von M. Wilberforce über den Sklavenhandel, in Madame de Staël, *Oeuvres*, Paris, 1838, tome 3.

40 In »Ennui«, Nr. 515 der *Pensées* in der Ausgabe von Ph. Sellier, Le Livre de poche, Paris, 2000.

41 In »Zerstreuung«, ibid, Nr. 168.

42 Ibid, Nr. 80.

43 *Ethik*, V, Lehrsatz 42.

44 Dies zeigt Michèle Riot-Sacey in *Le Procès de la Liberté. Une histoire souterraine du XIXème siècle*

en France, La Découverte, Paris, 2016. Die wahren Revolutionen sind nicht der Sieg eines Lagers über ein anderes, auf den eine Machtergreifung folgt, sondern eine Neugestaltung von unten nach oben, das heißt ein Integrierungsprozess, der nicht behindert wird, zur Vollendung gelangt und eine neue Wirklichkeit erschafft.

Die Befürwortung des föderalistischen Prinzips zur Lösung des europäischen Problems scheint mir allerdings fragwürdig, seitdem ich Ulrike Guérots *Warum Europa eine Republik werden muss. Eine politische Utopie* (Piper, München, 2017) gelesen habe. Sie hat mich überzeugt, dass das Prinzip der Republik entscheidender ist. Es ist es für Europas Zukunft und für die Bewertung der europäischen Geschichte, insbesondere der französischen Revolution, die in ihren Anfängen das republikanische Prinzip zur vollen Geltung gebracht hat. Dadurch werden die Betrachtungen, die ich in den Skizzen Nr. 46, 47 und 49 vorbringe, nicht hinfällig, aber sie müssen neu durchdacht werden.

Ulrike Guérot vertritt die Ansicht, dass der Versuch, durch den Zusammenschluss der bestehenden Nationalstaaten ein geeintes Europa zu schaffen, scheitern muss und nur eine europäische Republik Europas Zukunft sichern kann. Diese Republik soll die Nationalstaaten auf zweifache Weise aufheben: nach oben durch eine Republik, in der aller Europäer gleiche Rechte genießen und gleiche Pflichten erfüllen werden; andererseits durch einen Senat, in dem nicht mehr die heutigen Staaten, sondern die Regionen Europas, historisch bedeutender als die Staaten, gleichberechtigt vertreten sein werden, und durch ein Repräsentantenhaus, dessen Abgeordnete durch alle Europäer nach dem Prinzip eine Person/eine

Stimme gewählt werden sollen. Die Regionen werden ihre eigenen, zum Teil traditionellen Institutionen haben. Diese politische Form, nicht die der Nationalstaaten, entspricht den tief liegenden, langfristigen Tendenzen der europäischen Geschichte und nur in diesem Rahmen wird sich die europäische Demokratie entwickeln können, die heute fehlt und deren Fehlen zu immer gefährlicheren Entwicklungen führt.

45 Dieses zentrale Thema in Machiavellis Denken bringt Paul Valadier in seinem Buch *Machiavel et la fragilité du politique* (Seuil, Paris, 1996) auf den Punkt.

46 Op. cit., Nr. 486.

47 Ein sehr eindrückliches Beispiel jüngeren Datums dafür gibt Gillen D'Arcy Wood in *Tambora, The Eruption that Changed the World*, Princeton University Press, 2014.

48 Die deutsche Übersetzung von Klaus Binder (*Über die Natur der Dinge*, Galiani, Berlin, 2014), die ich für besser halte als alle französischen und englischen Übersetzungen, die ich gelesen habe, bringt dies wunderbar zum Ausdruck. Binders Sprache ist prachtvoll und sein laufender Kommentar sehr hilfreich.

Inhalt

Erste Auflage Berlin 2018
Copyright der deutschen Ausgabe © 2018
MSB Matthes & Seitz Berlin Verlagsgesellschaft mbH
Göhrener Str. 7 | 10437 Berlin
info@matthes-seitz-berlin.de
Copyright der Originalausgabe © Esquisses,
Éditions Allia 2016, 2017

Satz: psb, Berlin
Druck und Bindung: Art Druk, Szczecin
Umschlaggestaltung nach einer Idee
von Pierre Faucheux
ISBN 978-3-95757-609-5
www.matthes-seitz-berlin.de